TRIN-FOR-TRIN SUPPEBOG

100 LÆKRE OPSKRIFTER TIL HVER SÆSON

Susanne Persson

Alle rettigheder forbeholdes.

Ansvarsfraskrivelse

Oplysningerne i denne e-bog er beregnet til at tjene som en omfattende samling af strategier, som forfatteren af denne e-bog har forsket i. Resuméer, strategier, tips og tricks anbefales kun af forfatteren, og læsning af denne e-bog garanterer ikke, at ens resultater nøjagtigt vil afspejle forfatterens resultater. Forfatteren af e-bogen har gjort alle rimelige anstrengelser for at give aktuelle og nøjagtige oplysninger til e-bogens læsere. Forfatteren og dens medarbejdere vil ikke blive holdt ansvarlige for eventuelle utilsigtede fejl eller udeladelser, der måtte blive fundet. Materialet i e-bogen kan indeholde oplysninger fra tredjeparter. Tredjepartsmateriale omfatter meninger udtrykt af deres ejere. Som sådan påtager forfatteren af e-bogen sig ikke ansvar eller ansvar for noget tredjepartsmateriale eller udtalelser.

E-bogen er copyright © 2022 med alle rettigheder forbeholdt. Det er ulovligt at viderdistribuere, kopiere eller skabe afledt arbejde fra denne e-bog helt eller delvist. Ingen dele af denne rapport må gengives eller gentransmitteres i nogen form for reproduceret eller gentransmitteret i nogen som helst form uden skriftligt udtrykt og underskrevet tilladelse fra forfatteren.

INDHOLDSFORTEGNELSE

INDHOLDSFORTEGNELSE..3
INTRODUKTION..7

1. BØNNE OG CHORIZO SUPPE..8
2. FISKE SUPPE..11
3. KANINSUPPE I TOMAT...14
4. SUPPEDE CASHEWGRØNTSAGER..17
5. LINSE QUINOA SUPPE...20
6. SUPPET SVINEKØD & LILLA SØDE KARTOFLER.......................................23
7. ARMENSK SUPPE..26
8. BAJA SKALDYRSSUPPE...28
9. ASPARGES OG SVAMPESUPPE..31
10. OKSEKØD OG TEQUILASUPPE...34
11. IRSK LAMMESUPPE..37
12. IRSK SEAFOOD CHOWDER...40
13. OKSEKØD OG GUINNESS SUPPE...43
14. KYLLINGESUPPE MED DUMPLINGS..46
15. SQUASH & BØNNESUPPE..50
16. SØD KARTOFFEL KOKOS SUPPE...53
17. CREMET BROCCOLISUPPE...56
18. FLØDT GRØNKÅLSSUPPE..59
19. KYLLING OG QUINOASUPPE..61
20. LINSER OG BØNNESUPPE...64
21. HVIDE BØNNER OG GRØNKÅLSSUPPE..67
22. KYLLING OG GRØNTSAGSSUPPE..70
23. FLØDE AF GRØNKÅL...72
24. KORALLINSER OG MANGOLDSUPPE..75
25. EFTERÅRETS GRÆSKARSUPPE...78
26. BYG GRØNTSAGSSUPPE...81
27. BUTTERNUT SQUASH OG LINSESUPPE...84
28. HVID BØNNESUPPE...87

29. Pasta og Fagioli 90
30. Frikadeller og Tortellinisuppe 93
31. Kylling Marsala 96
32. Fisk og Chorizosuppe 99
33. Spansk Ratatouille 102
34. Gazpacho 105
35. Blæksprutte og ris 108
36. Roesuppe i Ukraine-stil 111
37. Ukrainsk agurk og citronborscht 115
38. Syrlig picklesuppe 118
39. Borsjtj 120
40. Jordbær/blåbær suppe 122
41. Kålsuppe 124
42. Grøntsagssuppe 126
43. Tomatsuppe 128
44. Picklesuppe 130
45. Sur rugsuppe 133
46. Afkølet roe suppe 135
47. Frugtsuppe 138
48. Kartoffelsuppe 140
49. Citronsuppe 143
50. Asparges suppe 145
51. Kohlrabi suppe 147
52. ukrainsk bønnesuppe 150
53. Go grøn suppe 153
54. Thai kokos karry Ramen 155
55. Ristet broccoli mikrogrøn suppe 158
56. Tomatsuppe 161
57. Seitan Mulligatawny suppe 164
58. Krydret grøn suppe 168
59. Tomat og tamarind suppe 171
60. Tomatsuppefond 174
61. Ingefærsuppefond 176
62. Ingefær sojamælksuppe 178
63. Tonyu bouillon 180
64. Miso bouillon 182

65. Dashi bouillon 185
66. Tonkotsu bouillon 187
67. Shoyu bouillon 191
68. Shio bouillon 194
69. Vegansk dashi bouillon 197
70. Vegetarisk Kotteri bouillon 199
71. Umami grøntsagsbouillon 202
72. Klar løgsuppe 205
73. Baby ramen suppe 208
74. Nori nudler suppe 211
75. Ramen sesamsuppe 214
76. Fløde af ramen og champignon 217
77. Nudler karrysuppe 219
78. Japansk champignon nudelsuppe 222
79. Kyllinge nuddel suppe 224
80. Svinekød Ramen suppe 227
81. Nem oksekød Ramen suppe 230
82. Fiskesuppe Ramen 233
83. Rejer Nudelsuppe 236
84. Ramen suppe med svampe 238
85. Ramen svampe suppe 240
86. Græskarkarry med krydrede frø 243
87. Tamarind fiskekarry 245
88. Laks i karry med safransmag 248
89. Okra karry 250
90. Vegetabilsk kokos karry 252
91. Grundlæggende grøntsagskarry 254
92. Black Eye Bean og kokosnød karry 257
93. Kål karry 260
94. Blomkål karry 262
95. Blomkål og kartoffelkarry 264
96. Kartoffel, Blomkål og Tomat Karry 269
97. Græskar karry 271
98. Steg grøntsager 274
99. Tomat karry 276
100. Hvid græskar karry 279

KONKLUSION..281

INTRODUKTION

Suppe, løst, er en væskebaseret ret, hvor ingredienser som grøntsager, kød eller bælgfrugter (eller en hvilken som helst kombination af de tre) koges i vand, bouillon eller bouillon for at smelte sammen og forbedre rettens fordele. Der er mange typer supper, fra cremet saftige til pureret butternut squash, men suppens hovedegenskab er, at der er meget væske. Du ved, du har suppe, hvis den skal spises med ske og serveres i en skål eller kop. Eller en hjemmelavet brødskål.

1. Bønne og Chorizo suppe

Portioner: 3

ingredienser:

- 1 gulerod (i tern)
- 3 spsk olivenolie
- 1 mellemstort løg
- 1 rød peberfrugt
- 400 g tørrede fabes bønner
- 300 gram Chorizo pølse
- 1 grøn peberfrugt
- 1 kop persille (hakket)
- 300 g tomater (i tern)
- 2 dl hønsefond
- 300 gram kyllingelår (fileter)
- 6 fed hvidløg
- 1 mellemstor kartoffel (i tern)
- 2 spsk timian
- 2 spsk salt efter smag
- 1 spsk peber

Vejbeskrivelse:

a) I en gryde, hæld vegetabilsk olie. Smid løget i. Tillad 2 minutters stegetid på medium varme.

b) I en stor røreskål kombineres hvidløg, gulerod, peberfrugt, chorizo og kyllingelår. Tillad 10 minutter til madlavning.

c) Kom timian, hønsefond, bønner, kartofler, tomater, persille i og smag til med salt og peber.

d) Kog i 30 minutter, eller indtil bønnerne er møre og suppen er tyknet.

2. Fiske suppe

Portioner: 8

ingredienser:

- 32 oz. dåse tomater i tern
- 2 spsk olivenolie
- ¼ kop hakket selleri
- ½ kop fiskefond
- ½ kop hvidvin
- 1 kop krydret V8 juice
- 1 hakket grøn peberfrugt
- 1 hakket løg
- 4 hakkede fed hvidløg
- Salt peber efter smag
- 1 tsk italiensk krydderi
- 2 skrællede og skåret gulerødder
- 2 ½ lb. opskåret tilapia
- ½ lb. pillede og udvundne rejer

Vejbeskrivelse:

a) Opvarm først olivenolien i din store gryde.

b) Kog peberfrugt, løg og selleri i 5 minutter i en varm stegepande.

c) Herefter tilsættes hvidløget. Kog derefter i 1 minut.

d) I en stor røreskål kombineres alle resterende ingredienser undtagen fisk og skaldyr.

e) Kog suppen i 40 minutter ved svag varme.

f) Tilføj tilapia og rejer og rør for at kombinere.

g) Lad det simre i yderligere 5 minutter.

h) Smag til og juster krydderiet inden servering.

3. Kaninsuppe i tomat

Portioner: 5

ingredienser:
- 1 hel kanin, skåret i stykker
- 1 laurbærblad
- 2 store løg
- 3 fed hvidløg
- 2 spsk olivenolie
- 1 spsk sød paprika
- 2 kviste frisk rosmarin
- 1 dåse tomater
- 1 kvist timian
- 1 kop hvidvin
- 1 spsk salt

a) 1 spsk peber

Vejbeskrivelse:

a) I en stegepande opvarmes olivenolien over medium-høj varme.

b) Forvarm olien og tilsæt kaninstykkerne. Steg til stykkerne er jævnt brune.

c) Fjern den, når den er færdig.

d) Tilsæt løg og hvidløg i samme gryde. Kog til den er helt blød.

e) I en stor røreskål kombineres timian, paprika, rosmarin, salt, peber, tomater og laurbærblad. Tillad 5 minutter til madlavning.

f) Smid kaninstykkerne i med vinen. Kog under låg i 2 timer, eller indtil kaninstykkerne er kogte, og saucen er tyknet.

g) Server med stegte kartofler eller toast.

4. suppede cashewgrøntsager

Portioner: 3

INGREDIENSER:

1½ kop broccolibuketter

1½ kop små blomkålsbuketter

2 spsk olivenolie

1 stort snittet løg

1/4 tsk frisk ingefær, revet

2 fed hvidløg, hakket

Knib salt

Knib sort peber

2 dl grøntsagsbouillon

1 tsk spidskommen pulver

1 tsk cayennepeber

1 spsk citronsaft, friskpresset

1 tsk frisk citronskal, revet

1 pund cashewnødder

INSTRUKTIONER:

Varm olien op i en stor suppegryde og svits løget i cirka 3-4 minutter.

Tilsæt hvidløg, ingefær og krydderier og svits i cirka 1 minut.

Bring i kog med 1 kop bouillon.

Tilsæt grøntsagerne og kog op igen.

Kog under jævnlig omrøring i 15 til 20 minutter med låg på.

Fjern fra varmen efter tilsætning af citronsaft.

Serveres varm med cashewnødder og citronskal.

ERNÆRING: Kalorier: 425| Fedt: 32g | Kulhydrater: 27,6g | Fiber: 5,2g | Sukker: 7,1 g | Protein: 13,4g

5. Linse Quinoa suppe

Portioner: 6

INGREDIENSER:

1 spsk kokosolie

1 gult løg, hakket

4 fed hvidløg, hakket

3 selleristængler

3 gulerødder, skrællet og hakket

4 kopper tomater, hakkede

1 kop røde linser, skyllet og afdryppet

½ kop tørret quinoa, skyllet og drænet

1 tsk rød peberpulver

5 dl grøntsagsbouillon

2 kopper frisk spinat, hakket

Salt og kværnet sort peber

1½ tsk spidskommen pulver

INSTRUKTIONER:

Varm olien op i en stegepande og svits selleri, løg og gulerod i cirka 4-5 minutter.

Sauter i cirka 1 minut efter tilsætning af hvidløg.

Bring de resterende ingredienser i kog, undtagen spinaten.

Reducer varmen til lav og kog tildækket i cirka 20 minutter.

Lad det simre i 3-4 minutter efter tilsætning af spinaten.

Rør salt og sort peber i og tag det af varmen.

6. suppet svinekød & lilla søde kartofler

Udbytte: 1 portioner

Ingrediens

- ¾ pund udbenet svinekam; skåret i 1 stykker
- 1 emerils essens
- 2,00 spsk olivenolie
- 1,00 kop hakkede løg
- ½ kop hakket peberfrugt
- ¼ kop hakket selleri
- 1 salt; at smage
- 1 friskkværnet sort peber; at smage
- 2,00 spsk mel
- 1,00 pund lilla søde kartofler; skrællet, skåret i tern
- 2,00 dl kalvefond
- ¼ kop hakkede grønne løg
- 1,00 kop strimlet sød kartoffel
- 2,00 spsk hakkede grønne løg
- 1,00 spsk brunoise rød peberfrugt

I en røreskål, smid svinekødsstykkerne med Emeril's Essence. Varm olivenolien op i en stor sauterpande. Når olien er varm tilsættes svinekødet og brunes jævnt. Fjern svinekødet fra gryden og stil det til side. I en røreskål smages løg, peberfrugt og selleri til med salt og peber. Rør melet ind i olien, under konstant omrøring i cirka 4 til 5 minutter, for en mellembrun roux. Tilføj løg, peberfrugt og selleri til rouxen og kog i cirka 2 til 3 minutter, eller indtil det er let visnet. Kom svinekødet tilbage i gryden og steg under konstant omrøring i 3 til 4 minutter. Tilsæt de søde kartofler og bouillon.

Bring væsken i kog, og lad den simre. Kog i 40 til 45 minutter. Rør de grønne løg i og tjek krydderier. Lav reder med revet sød kartoffel og steg til de er sprøde. Krydr med Essensen. Hæld suppen i en lav skål og pynt med søde kartoffelboer, grønne løg og peberfrugter. Denne opskrift giver ?? opskrifter.

7. Armensk suppe

Udbytte: 4 portioner

Ingrediens

- 1½ kop tørrede abrikoser gennemblødt
- ½ kop vand i 1 time.
- ½ kop tørrede Garbanzo bønner i blød
- Overnatning i vand
- 5 kopper vand
- 1 kop linser
- 3 løg i skiver
- 2 spsk maltsirup eller melasse

a) Bring udblødte Abrikoser og deres Vand i en stor Pande i kog. tilsæt udblødte, afdryppede Garbanzobønner og 1 C. Vand. Bring i kog og kog i 30 minutter.

b) Tilsæt linser, løg og 4 C. vand i gryden. Bring i kog.

c) Sænk varmen, læg låg på og kog ca. 2 timer, indtil Garbanzos er møre.

d) Tilsæt maltsirup. Bland godt i. Server over brune ris.

8. Baja skaldyrssuppe

Udbytte: 6 portioner

Ingrediens

- ½ kop løg; Hakket, 1 medium
- ½ kop grøn chili; Hakket
- 2 stk fed hvidløg; finthakket
- ¼ kop olivenolie
- 2 kopper hvidvin; Tør
- 1 spsk Appelsinskal; Revet
- 1½ kop appelsinjuice
- 1 spsk sukker
- 1 spiseskefuld koriander; Frisk, klippet
- 1 tsk basilikumblade; Tørret
- 1 tsk salt
- ½ tsk peber
- ½ tsk oregano blade; Tørret
- 28 ounce italienske blommetomater
- 24 stk. Soft-shell Muslinger; Skrubbet

- 1½ pund rejer; Rå, afskallet, Med.

- 1 pund fisk

- 6 ounces Krabbekød; Frosset

a) Kog og rør løg, chili og hvidløg i olie i 6 liter hollandsk ovn, indtil løget er mørt. Rør de resterende ingredienser i undtagen skaldyr.

b) Opvarm til kogning; reducere varmen. Lad det simre uden låg i 15 minutter. Tilføj muslinger; læg låg på og lad det simre, indtil muslingerne åbner sig, 5 til 10 minutter. (Kassessér alle muslinger, der ikke har åbnet sig.)

c) Rør forsigtigt rejer, fisk og krabbekød i. Opvarm til kogning; reducere varmen. Dæk til og lad det simre, indtil rejerne er lyserøde og fiskeflager let med en gaffel, 4 til 5 minutter.

9. Asparges og svampesuppe

Udbytte: 4 portioner

Ingrediens

- ⅓ ounce Tørrede porcini-svampe
- 1 spsk olie
- 3 fed hvidløg; hakket
- ½ pund svampe; portobello eller shitake, hakket
- ½ kop sherry
- ½ tsk salt
- 1 pund Asparges spyd; 1" diagonaler
- 1 mellemstor rød peberfrugt; julienned
- 1 tsk majsstivelse opløst i
- 1 spsk vand
- 1 tsk rødvinseddike
- Salt og peber; at smage

a) Læg tørrede svampe i en lille varmefast skål og dæk med kogende vand. Lad trække 15 minutter. I mellemtiden, i en stor stegepande, opvarme olie over medium varme.

b) Tilsæt hvidløg og friske svampe og kog under jævnlig omrøring, indtil svampene er møre. Tilsæt sherry, salt og svampevæske. Tilsæt asparges, peberfrugt og tørrede svampe. Lad det simre uden låg, indtil aspargesene er møre, cirka 7 minutter. Tilsæt opløst majsstivelse og eddike. Bring blandingen i kog og lad den simre, indtil den tykner lidt, cirka 30 sekunder.

c) Server aspargesblanding over urtequinoa-opskrift.

10. Oksekød og tequilasuppe

Udbytte: 6 portioner

Ingrediens

- 2 pund kød
- ¼ kop ubleget mel
- ¼ kop vegetabilsk olie
- ½ kop løg; Hakket, 1 medium
- 2 stk Bacon; Skiver, skæres op
- ¼ kop gulerod; Hakket
- ¼ kop selleri; Hakket
- ¼ kop Tequila
- ¾ kop tomatjuice
- 2 spiseskefulde koriander; Frisk, klippet
- 1½ tsk salt
- 15 ounce Garbanzo bønner; 1 dåse
- 4 kopper tomater; Hakket, 4 mellemstore
- 2 stk fed hvidløg; finthakket

a) Overtræk oksekød med mel.

b) Opvarm olie i en 10-tommer stegepande, indtil den er varm. Kog og rør oksekød i olie ved middel varme, indtil det er brunt.

c) Fjern oksekødet med hulske og afdryp. Kog og rør løg og bacon i samme stegepande, indtil bacon er sprødt. Rør oksekød og de resterende ingredienser i. varme til kogning; reducere varmen. Læg låg på og lad det simre, indtil oksekødet er mørt, cirka 1 time.

11. Irsk lammesuppe

Ingredienser:

- 1-1½ kg eller 3,5 lbs nakke eller lammeskulder
- 3 store løg, finthakket
- Salt og friskkværnet sort peber
- 3-4 gulerødder, skåret i små stykker
- 1 porre, skåret i små stykker
- 1 lille majroe/skål/rutabaga, skåret i små stykker
- 10 små nye kartofler, skrællet og skåret i kvarte, eller 2 store kartofler, skrællet og hakket
- 1/4 af en lille kål, strimlet
- Buket persille, timian og laurbærblad - bind denne sammen med en snor du kan lade være i
- Et strejf af Worcestershire sauce

Rutevejledning:

a) Du kan bede din slagter om at skære kødet af benet og trimme fedtet, men behold knoglerne eller gør dette derhjemme. Fjern fedtet og skær kødet i tern. Læg kødet i en gryde fyldt med koldt saltet vand og bring det i kog sammen med kødet. Når dette er kogt, tag det af varmen og afdryp, skyl lammet for at fjerne eventuelle rester.

b) Mens dette koger, lægges benene, løgene, grøntsagerne, men ikke kartoflerne eller kålen i en ny gryde. Tilsæt krydderier og urtebuketten og dæk med koldt vand. Når kødet er skyllet, tilsættes det til denne gryde og lad det simre i en time. Du bliver nødt til at skumme skummet af med jævne mellemrum.

c) Tilsæt kartoflerne efter en time og fortsæt med at koge suppen i 25 minutter. Tilsæt kartoflerne og fortsæt med at koge i 25 minutter. Tilsæt kålen i løbet af de sidste 6-7 minutter af kogningen.

d) Når kødet er mørt og falder fra hinanden, fjernes benene og urtebuketten. Smag på suppen på dette tidspunkt og tilsæt derefter Worcestershire-sauce efter smag og server.

12. Irsk Seafood Chowder

Ingredienser:

- 4 små kulmulefileter omkring en 1lb/500g
- 2 laksefileter som ovenfor
- 1 stykke røget fisk omkring 1/2lb/250g
- 1 spsk vegetabilsk olie
- 1 tsk smør
- 4 kartofler
- 2 gulerødder
- 1 løg
- 500 ml/2,25 kopper fiske- eller hønsefond
- 2 spsk tørret dild
- 250 ml/1 kop fløde
- 100 ml/1/2 kop mælk
- 4 spsk purløg i fint tern

Rutevejledning:

a) Tag kartoflerne og skræl og skær dem i små tern. Med gulerodsskallen og skær i mindre tern end kartoflerne.

b) Fjern skindet fra fisken, hvis der er nogen, og skær det i store stykker, det vil bryde op under tilberedningen.

c) Kom olie og smør i en dyb gryde og svits forsigtigt løg, kartofler, dild og gulerod i ca. 5 minutter. Hæld bouillonen i gryden og lad det simre i 1 minut.

d) Tag låget på gryden og tilsæt fløde og mælk og derefter fisken. Lad det simre forsigtigt (må ikke koge), indtil fisken er kogt.

e) Server med en garniture af persille og lidt af dit hjemmebagte hvedebrød.

13. Oksekød og Guinness suppe

Ingredienser:

- 2 spsk. olie
- 1 kg ribbensbøf, godt trimmet og skåret i tern
- 2 løg, skåret i tynde skiver
- 2 fed hvidløg, hakket
- 1 spsk. blød mørk brun farin
- 1 spsk almindeligt mel
- 125 ml Guinness
- 125 ml vand
- Kvist timian
- 1 spsk rødvinseddike
- 1 spsk sennep i Dijon-stil
- Knip stødt nelliker
- Salt og sort peber
- 1 kg kartofler, skrællede og i mellemstore bidder
- 250 g hakket kål
- 100 ml mælk
- 100 g smør

- Salt og friskkværnet sort peber

Rutevejledning:

a) Forvarm din ovn til 160°C (325°F). Mens dette varmer, hæld lidt olie i en stegepande og brun oksekødet, sørg for at hvert stykke er forseglet på alle sider.

b) Fjern kødet og sæt til side, tilsæt derefter løg og hvidløg og steg i et par minutter og drys derefter mel og sukker i. Bland dette godt for at opsuge al saften i gryden, og tilsæt derefter din Guinness gradvist under konstant omrøring.

c) Når dette er godt indarbejdet og glat, tilsættes eddike, sennep, nelliker, krydderier og timian, og kog op. Læg kødet i en ildfast fad og tilsæt det derefter til fadet.

d) Læg låg på gryderetten og steg i ovnen i 1 1/2 time til kødet er mørt.

e) Tilsæt timian, vineddike, sennep, malede nelliker og krydderier; bring det i kog og hæld det over kødet i gryden. Læg låg på og steg i ovnen i $1\frac{1}{2}$ time eller til kødet er mørt. Tilsæt kål og kartofler til gryden ca. 20 minutter før slutningen af kogetiden, og fortsæt med at koge.

f) Server når kødet er mørt, som en variation kan du udelade kartoflerne og servere dem som mos med suppen hældt ovenpå.

14. Kyllingesuppe med dumplings

Serverer 4

ingredienser

- 1 kylling, skåret i 8 stykker
- 15 g/. oz (2 spiseskefulde) almindeligt (all-purpose) mel
- 2 spsk rapsolie (raps).
- 15 g/. oz (1 spsk) smør
- 1 løg, hakket
- 4 salvieblade
- en kvist hver af rosmarin og timian
- 2 gulerødder, hakket
- 250 ml/8 fl oz (1 kop) cider (hård cider)
- 1 liter/34 fl oz (4 kopper) kylling
- lager (bouillon)
- 1 tsk havsalt
- friskkværnet sort peber
- hakket fladbladpersille, til pynt Til dumplings
- 350 g/12 oz (2 kopper) almindeligt (all-purpose) mel, sigtet

- 50 g/2 oz (4 spsk) koldt smør, revet
- 1 tsk bagepulver
- 350 ml/12 fl oz (1 kopper) mælk
- havsalt

Metode

a) Krydr kyllingestykkerne med alt salt og lidt peber og læg melet i.

b) Varm olien op over medium-høj varme i en stor tykbundet pande eller ildfast fad (hollandsk ovn) og steg kyllingestykkerne, i omgange, i cirka 5 minutter, indtil de er gyldenbrune over det hele. Stil kyllingen til side og tør gryden af.

c) Smelt smørret i gryden og tilsæt løg, salvie, rosmarin og timian. Steg i 3-4 minutter, indtil løget er blødt, og tilsæt derefter guleroden. Afglat panden med cider og bring det i kog.

d) Kom kyllingen og saften tilbage i gryden og dæk med bouillonen. Lad det simre ved middel-lav varme i cirka 25-30 minutter, indtil kyllingen er gennemstegt uden tegn på pink, og saften er klar.

e) I mellemtiden, for at lave dumplings, kombinerer du mel og smør i en skål med bagepulver og salt. Tilsæt mælken for at lave en løs dej. Tilsæt spiseskefulde af bolleblandingen i gryden med kyllingen i de sidste 5-10 minutter af tilberedningstiden, og vend bollerne halvvejs igennem, så de steger på begge sider.

f) Tilsæt persillen og server.

15. Squash & bønnesuppe

Udbytte: 4 portioner

Ingredienser:

- 1 mellemstor butternut squash
- 1 spsk olivenolie
- 1 mellemsødt løg, skåret i tern
- 2 fed hvidløg, hakket
- 4 kopper grøntsagsbouillon med lavt natriumindhold
- 1/4 tsk sort peber
- 1/4 tsk stødt muskatnød
- 1/8 tsk salt
- 1, 15-ounce dåse hvide bønner med lavt natriumindhold, drænet og skyllet

Rutevejledning:

a) Forbered squashen ved at trimme enderne og skrælle den. Skrab frøene ud efter at have skåret i to. Læg squashen i små tern til side.

b) Varm olivenolien op i en stor gryde med høje sider. Svits løg og hvidløg i 3-4 minutter, eller indtil det er blødt.

c) Kombiner squash, hvide bønner og grøntsagsbouillon i en stor røreskål. Bring det i kog, tildækket.

d) Reducer varmen til lav og kog i 15-20 minutter. Smag til med salt, peber og muskatnød.

e) Fjern fra varmen og stil til side i 10 minutter til afkøling. Hæld halvdelen af suppen i en blender og fjern det midterste stykke af låget for at få dampen til at slippe ud. Blend indtil det er helt glat.

f) Gentag med den resterende halvdel af suppen, og bland derefter det hele sammen. Server og hav det sjovt!

16. Sød kartoffel kokos suppe

Udbytte: 4 portioner

Ingredienser:

- 1 1/2 spsk olivenolie, delt
- 1 lille Vidalia løg i tern
- 3 fed hvidløg, hakket
- 1 stor sød kartoffel, skrællet og skåret i tern
- 2 spsk karrypulver
- 1/4 tsk salt
- 1/4 tsk sort peber
- 1/8 tsk cayennepeber (valgfrit)
- 3 kopper kokosmælksdrik, usødet
- 1 kop kikærter med lavt natriumindhold, drænet og skyllet
- 1/4 tsk hvidløgspulver
- 1/4 tsk løgpulver
- 1/4 tsk paprika

Rutevejledning:

a) Opvarm 1 spsk olivenolie over medium varme i en stor gryde. Kog i 4-5 minutter, eller indtil løget er blødt. Kog i yderligere 30 sekunder efter tilsætning af hvidløg.

b) Kombiner søde kartofler, karrypulver, salt, peber og cayennepeber i en stor skål, hvis du bruger. Kog i yderligere 5 minutter. Dæk med kokosmælk.

c) Bring det til et svagt kogepunkt og kog i 20-25 minutter, eller indtil de søde kartofler er møre.

d) I mellemtiden skal du dræne og skylle kikærterne og derefter tørre dem grundigt med et rent viskestykke eller køkkenrulle, før de overføres til en røreskål. Rør den resterende 1/2 spsk olivenolie, hvidløgspulveret, løgpulveret og paprikaen i.

e) I en stor stegepande koges kikærterne ved middel varme. Rist til kanterne er let sprøde.

f) Når kartoflerne er møre, tages suppen af varmen og stilles til afkøling. Halvdelen af suppen skal blendes i en blender med det midterste stykke af låget fjernet for at lade damp slippe ud.

g) Blend indtil det er helt glat. Kombiner den resterende halvdel af suppen og gentag med den resterende halvdel. Ellers purér suppen med en stavblender.

h) Hæld suppen i en skål og top med sprøde kikærter.

17. Cremet broccolisuppe

Udbytte: 8 portioner

Ingredienser:

- 1 spsk olivenolie
- 1 mellemsødt løg, skåret i tern
- 2 fed hvidløg, hakket
- 1 spsk fuldkornshvedemel
- 3 kopper grøntsagsbouillon med lavt natriumindhold
- 1 stor broccoli, skåret i buketter
- 2 mellemstore rødbrune kartofler i tern
- 1/4 tsk sort peber
- 1 kop fedtfri mælk
- Frisk purløg

Rutevejledning:

a) Varm olivenolien op i en stor gryde med høje sider. Svits løg og hvidløg i 3-5 minutter, eller indtil det er blødt.

b) Rør melet i, indtil råmelsmagen er væk, cirka 1-2 minutter. Bring i kog med grøntsagsbouillonen.

c) Når vandet er kommet i kog, tilsættes broccoli og kartofler og læg låg på. Kog i 15-20 minutter.

d) Tag af varmen og lad det køle lidt af. Blend halvdelen af suppen til en jævn masse i en blender.

e) Gentag med den resterende halvdel af suppen, og bland derefter det hele sammen. Ellers purér suppen med en stavblender.

f) Kom suppen tilbage i gryden og kog over svag varme under konstant omrøring. Afslut med dine foretrukne krydderurter, såsom purløg eller persille, og server.

18. Flødt grønkålssuppe

Udbytte: 8 portioner

Ingredienser:

- 2 spsk olivenolie
- 1 Vidalia løg i tern
- 4 fed hvidløg, hakket
- 2 pund grønkål, finthakket
- 1 kop almindelig, fedtfri græsk yoghurt
- 1/4 kop parmesanost
- 1/2 tsk sort peber

Rutevejledning:

a) I en stor sauterpande opvarmes olivenolien over medium varme. Kog i 3-4 minutter, eller indtil løg og hvidløg er blødt.

b) Tilsæt grønkål og et skvæt vand, læg låg på, og lad det simre i 8-10 minutter, eller indtil det grønne er møre og visnet.

c) Tag gryden af varmen og tilsæt græsk yoghurt, parmesanost og sort peber.

19. Kylling og quinoasuppe

Portioner: 6

Ingredienser:

- 1 pund udbenet, skindfri kyllingebryst, alt synligt fedt kasseret, skåret i 1-tommers terninger
- 4 kopper fedtfri kyllingebouillon med lavt natriumindhold
- 1 stort løg, hakket
- ¾ kop vand
- 1 mellemstor gulerod, skåret i skiver
- 3 store fed hvidløg, hakket
- 1 spsk hakket, frisk timian
- 1 tørret laurbærblad
- ¼ tsk peber
- ⅓ kop ukogt quinoa, skyllet, drænet
- 2 ounce sukkerærter, skåret i skiver

Vejbeskrivelse

b) Kombiner kylling, bouillon, løg, vand, gulerod, hvidløg, timian, laurbærblad og peber i en stor gryde.

c) Bring det i kog over medium-høj varme.

d) Reducer varmen til lav og kog i 5 minutter, let tildækket.

e) Tilsæt quinoa og rør for at kombinere. 5 minutter i ovnen

f) Tilsæt ærterne og rør sammen. Kog, under omrøring af og til, i 5 til 8 minutter, eller indtil quinoaen er kogt, og kyllingen ikke længere er lyserød i midten.

g) Før suppen serveres, fjernes laurbærbladet.

20. Linser og bønnesuppe

Portioner: 6

INGREDIENSER:

1 kop tørrede linser

15-ounce skyllet og drænet dåse med sorte bønner

15-ounce dåse hakkede tomater

1 spsk olivenolie, ekstra jomfru

1 kop tørrede linser

½ tsk stødt spidskommen

½ tsk rød peberflager, knust

1 løg, hakket

1 tsk chilipulver

4 kopper grøntsagsbouillon

2 fed hvidløg, hakket

2 gulerødder, skrællet og hakket

Salt

Sort peber

INSTRUKTIONER:

Varm olien op i en gryde ved høj varme og steg hvidløget i cirka 1 minut.

Svits gulerødder og løg i cirka 5 minutter.

Bring resten af ingredienserne i kog under konstant omrøring.

Reducer varmen til lav og kog i ca. 25 til 30 minutter, tildækket, under omrøring med jævne mellemrum.

ERNÆRING: Kalorier: 285| Fedt: 4,3g | Kulhydrater: 44g | Fiber: 18g | Sukker: 4,8 g | Protein: 18,9 g

21. Hvide bønner og grønkålssuppe

Portioner: 4

INGREDIENSER:

15 ounce dåse kidneybønner, skyllet og drænet

3 kopper frisk grønkål, seje stængler fjernet og groft hakket

2 tsk olivenolie

4 fed hvidløg, knust

1 spsk frisk ingefær, hakket

1 mellemstor løg, skåret i tern

2 tsk friske rosmarinblade, hakket

1 pund søde kartofler, skrællet og skåret i små tern

4 kopper vand

½ tsk stødt kanel

1 tsk stødt spidskommen

Salt og kværnet sort peber

1 tsk stødt gurkemeje

INSTRUKTIONER:

I en stegepande opvarmes olien over høj varme og løgene sauteres under jævnlig omrøring i ca. 7-9 minutter.

Tilsæt hvidløg, ingefær, rosmarin og svits i cirka 1 minut.

Tilsæt kartofler, vand, krydderier, salt og sort peber og bring det i kog.

Lad det simre uden låg i cirka 30-35 minutter.

Mos nogle af kartoflerne groft med bagsiden af en ske.

Rør bønner og grønkål i og lad det simre i cirka 4-7 minutter.

22. Kylling og grøntsagssuppe

Portioner: 4

INGREDIENSER:

2 spsk olivenolie (ekstra jomfru)

2 røde peberfrugter, hakket

1 løg, i tern

1 spsk revet frisk ingefær

3 kopper strimlet stegt kylling, skindet fjernet

8 kopper usaltet hønsebouillon

½ tsk havsalt

⅛ tsk sort peber, friskkværnet

INSTRUKTIONER:

I en stor gryde varmes olivenolien op, indtil den simrer.

Tilsæt løg, rød peber og ingefær. Kog i cirka 5 minutter, rør af og til, indtil grøntsagerne er møre.

Tilsæt kylling, hønsebouillon, salt og peber og bring det i kog.

Reducer varmen og kog i yderligere 5 minutter.

23. Fløde af grønkål

Portioner: 4

INGREDIENSER:

2 spsk olivenolie (ekstra jomfru)

1 løg, i tern

4 kopper grønkål

1 kop broccolibuketter

6 kopper usaltet grøntsagsbouillon

1 tsk hvidløgspulver

½ tsk havsalt

¼ tsk sort peber, friskkværnet

Mikrogrønt

kokosmælk

INSTRUKTIONER:

I en stor gryde varmes olivenolien op, indtil den simrer.

Kog, vend lejlighedsvis, indtil løget er blødt, cirka 5 minutter.

Tilsæt grønkål, broccoli, grøntsagsbouillon, hvidløgspulver, salt og peber.

Bring det i kog, og reducer derefter til en lav varmeindstilling.

Kog i 10 til 15 minutter under omrøring med jævne mellemrum, eller indtil grøntsagerne er møre.

Bland alle ingredienserne i en blender og blend, indtil det er glat.

Server varm med ekstra olie, mikrogrønt og kokosmælk.

24. Korallinser og mangoldsuppe

Portioner: 4

INGREDIENSER:

2 spsk olivenolie

1 mellemstor løg, skåret i tern

2 mellemstore gulerødder i tern

1/2 tsk ingefærpulver

1/2 tsk gurkemejepulver

2 store hakkede fed hvidløg

1 tsk spidskommen pulver

1/2 tsk rød peberflager

1/2 tsk havsalt

En 15 ounce dåse hakkede tomater

1 kop tørrede røde linser

2 liter grøntsagsbouillon

1 bundt Chard, groft hakket

INSTRUKTIONER:

I en stor suppe eller ildfast fad varmes olien op.

Svits løg og gulerod i 7 minutter ved medium-høj varme.

Tilsæt hvidløg, spidskommen, ingefær, gurkemeje, chiliflager og salt.

Kog i 5 minutter, og skrab eventuelle brune stykker op fra bunden af gryden, mens du rører tomaterne i, indtil væsken er reduceret, og tomaterne er bløde.

Tilsæt linser og bouillon og bring det i kog, reducer derefter til lav varme og kog uden låg i 10 minutter, eller indtil linserne er kogte.

Kog i yderligere 5 minutter, og rør af og til, indtil mangolden er visnet, men stadig bobler. Smag til med salt og peber efter smag.

Server suppen i skåle, pyntet med en citronskive.

25. Efterårets græskarsuppe

Portioner: 6

INGREDIENSER:

600 g græskar, skrællet og hakket

2 kopper grøntsagsbouillon

½ kop kokosmælk

fritureolie

1 spsk citrongræs, hakket

2 kaffir limeblade, hakket

1 tsk spidskommen

1 tsk korianderfrø

1 rød peberfrugt, frøet og skåret i skiver

1 frisk ingefær, skrællet og revet

1 frisk gurkemeje, skrællet og skåret i skiver

Sort peber efter smag

1 skalotteløg, hakket

4 fed hvidløg

INSTRUKTIONER:

Forvarm ovnen til 300 grader Fahrenheit og forbered en bageplade med bagepapir.

Smid squashen i olien, inden den lægges på bagepladen og bages, indtil den er gyldenbrun.

Varm olien op i en gryde og sauter skalotteløgene, indtil de er brune.

Kog indtil aromatisk, og tilsæt derefter spidskommen og koriander.

Tilsæt kaffirblade, gurkemeje, ingefær, citrongræs og chili, kog i endnu et minut under omrøring for at undgå at brænde

Tilsæt squashen til bouillonen og læg låg på og kog

Reducer varmen til lav og kog i yderligere 10 minutter.

Tilsæt kokosmælken og skru op for varmen igen for at simre i 5-10 minutter.

26. Byg grøntsagssuppe

Portioner: 6

INGREDIENSER:

1 kop gulerødder, hakket

1 kvist rosmarin

1 fed hvidløg, hakket

1 kop selleri, hakket

3/4 kop skrællet byg

4 kopper grøntsagsbouillon

1 dåse tomatpuré (28 oz.)

1 dåse bønner, drænet og skyllet (15 oz.)

2 kopper grønkål, groft hakket

Revet parmesan

INSTRUKTIONER:

I en gryde sauteres løg, gulerødder og selleri med olivenolie (ekstra jomfru). Tilsæt rosmarin, hvidløg og byg og fortsæt med at koge i cirka 3 minutter.

Bring i kog, med bouillon, under konstant omrøring.

Efter kogning, dæk gryden til, reducer varmen og lad det simre ved svag varme i cirka 1 time.

Tilsæt tomater og bønner og kog i yderligere 15 minutter eller mere, indtil byggen er mør. Rør grønt i de sidste 5 minutter af tilberedningen, hvis du bruger.

Server med revet parmesan.

27. Butternut Squash og Linsesuppe

Portioner: 4-6

INGREDIENSER:

1 stort løg i tern

1 skrællet og skåret butternut squash i tern

1 kop brune linser

8 kopper grøntsagsbouillon

2 tsk hakket hvidløg

1 laurbærblad

1/2 tsk stødt muskatnød

1 kop spinat, hakket

1/2 tsk salt

INSTRUKTIONER:

Tilsæt alle ingredienser undtagen spinat til din slowcooker og bland godt.

Kog 3 til 4 timer ved høj effekt eller 6 til 8 timer ved lav effekt.

Fjern laurbærbladet og kom ca. 50 % af suppen, evt. i portioner, i en blender og puré, indtil den er glat. Tilsæt den blandede suppe med den ublandede del til slow cookeren og rør rundt.

Tilsæt hakket spinat og rør indtil den er blød.

28. Hvid bønnesuppe

Portioner: 4

ingredienser:

- 1 hakket løg
- 2 spsk olivenolie
- 2 hakkede selleristængler
- 3 hakkede fed hvidløg
- 4 kopper cannellini bønner på dåse
- 4 kopper hønsebouillon
- Salt og peber efter smag
- 1 tsk frisk rosmarin
- 1 kop broccolibuketter
- 1 spsk trøffelolie
- 3 spsk revet parmesanost

Vejbeskrivelse:

a) Varm olien op i en stor pande.

b) Steg selleri og løg i cirka 5 minutter i en stegepande.

c) Tilsæt hvidløg og rør for at kombinere. Kog i yderligere 30 sekunder.

d) Smid bønnerne, 2 dl hønsebouillon, rosmarin, salt og peber i, samt broccoli.

e) Bring væsken i kog og reducer derefter til lav varme i 20 minutter.

f) Blend suppen med din stavblender, indtil den når den ønskede glathed.

g) Reducer varmen til lav og drys trøffelolien i.

h) Hæld suppen i fade og drys med parmesanost inden servering.

29. Pasta og Fagioli

Portioner: 10

ingredienser:
- 1 ½ lb. hakket oksekød
- 2 hakkede løg
- ½ tsk rød peberflager
- 3 spsk olivenolie
- 4 hakkede selleristængler
- 2 hakkede fed hvidløg
- 5 kopper hønsebouillon
- 1 kop tomatsauce
- 3 spiseskefulde tomatpure
- 2 tsk oregano
- 1 tsk basilikum
- Salt og peber efter smag
- 1 15-oz. dåse cannellini bønner
- 2 kopper kogt lille italiensk pasta

Vejbeskrivelse:

a) Brun kødet i en stor gryde i 5 minutter, eller indtil det ikke længere er lyserødt. Fjern fra ligningen.

b) Varm olivenolien op i en stor stegepande og steg løg, selleri og hvidløg i 5 minutter.

c) Tilsæt bouillon, tomatsauce, tomatpure, salt, peber, basilikum og rød peberflager, og rør for at kombinere.

d) Læg låg på gryden. Suppen skal derefter koge i 1 time.

e) Tilsæt oksekødet og kog i yderligere 15 minutter.

f) Tilsæt bønnerne og rør sammen. Kog derefter i 5 minutter ved lav varme.

g) Rør den kogte pasta i og kog i 3 minutter, eller indtil den er gennemvarmet.

30. Frikadeller og Tortellinisuppe

Portioner: 6

ingredienser:
- 2 spsk olivenolie
- 1 hakket løg
- 3 hakkede fed hvidløg
- Salt og peber efter smag
- 8 kopper hønsefond
- 1 ½ dl hakkede tomater på dåse
- 1 kop hakket grønkål
- 1 kop optøede frosne ærter
- 1 tsk stødt basilikum
- 1 tsk oregano
- 1 laurbærblad
- 1 lb. optøede frikadeller - enhver slags
- 1 lb. friskost tortellini
- ¼ kop revet parmesanost

Vejbeskrivelse:

a) Varm olivenolien op i en stor gryde og svits løg og hvidløg i 5 minutter.

b) I en stor gryde kombineres kyllingefond, hakkede tomater, grønkål, ærter, basilikum, oregano, salt, peber og laurbærblad.

c) Bring derefter væsken i kog. Kog derefter i 5 minutter ved lav varme.

d) Fjern laurbærbladet og smid det ud.

e) Lad det simre i yderligere 5 minutter efter tilsætning af frikadeller og tortellini.

f) Sidst men ikke mindst serveres i skåle med revet ost på toppen.

31. Kylling Marsala

Portioner: 4

ingredienser:

- ¼ kop mel
- Salt og peber efter smag
- ½ tsk timian
- 4 udbenede kyllingebryst, bankede
- ¼ kop smør
- ¼ kop olivenolie
- 2 hakkede fed hvidløg
- 1½ dl skivede svampe
- 1 lille løg i tern
- 1 kop marsala
- ¼ kop halv og halv eller tung fløde

Vejbeskrivelse:

a) I en røreskål kombineres mel, salt, peber og timian.
b) I en separat skål trækker du kyllingebrystene i blandingen.
c) I en stor stegepande smeltes smør og olie.
d) Steg hvidløg i 3 minutter i en stegepande.

e) Kom kyllingen i og steg i 4 minutter på hver side.

f) Kombiner svampe, løg og marsala i en stegepande.

g) Kog kyllingen i 10 minutter ved lav varme.

h) Overfør kyllingen til et serveringsfad.

i) Bland den halve og halve eller tunge fløde i. Rør derefter konstant, mens du koger på høj i 3 minutter.

j) Hæld kyllingen med saucen.

32. Fisk og Chorizosuppe

Portioner: 4

ingredienser:

- 2 fiskehoveder (bruges til at koge fiskefond)
- 500 g fiskefileter, skåret i stykker
- 1 løg
- 1 fed hvidløg
- 1 kop hvidvin
- 2 spsk olivenolie
- 1 håndfuld persille (hakket)
- 2 dl fiskefond
- 1 håndfuld oregano (hakket)
- 1 spsk salt
- 1 spsk peber
- 1 selleri
- 2 dåse tomater (tomater)
- 2 røde chilier
- 2 chorizo pølser
- 1 spsk paprika
- 2 laurbærblade

Vejbeskrivelse:

a) Rens hovedet af fisken. Gæller skal fjernes. Smag til med salt. Kog i 20 minutter ved lav temperatur. Fjern fra ligningen.

b) Hæld olivenolien i en gryde. Kombiner løg, laurbærblade, hvidløg, chorizo og paprika i en stor røreskål. 7 minutter i ovnen

c) Kombiner de røde chilier, tomater, selleri, peber, salt, oregano, fiskefond og hvidvin i en stor skål.

d) Kog i alt 10 minutter.

e) Smid fisken i. 4 minutter i ovnen

f) Brug ris som tilbehør.

g) Tilsæt persille som pynt.

33. Spansk Ratatouille

Portioner: 4

ingredienser:

- 1 rød peberfrugt (i tern)
- 1 gennemsnitlig løg (skåret eller hakket)
- 1 fed hvidløg
- 1 Zucchini (hakket)
- 1 grøn peberfrugt (i tern)
- 1 spsk salt
- 1 spsk peber
- 1 dåse tomater (hakkede)
- 3 spsk olivenolie
- 1 skvæt hvidvin
- 1 håndfuld frisk persille

Vejbeskrivelse:

a) Hæld olivenolien i en gryde.

b) Smid løgene i. Tillad 4 minutters stegetid på medium varme.

c) Kom hvidløg og peberfrugt i. Tillad yderligere 2 minutters stegning.

d) Kom zucchini, tomater, hvidvin i og smag til med salt og peber.

e) Kog i 30 minutter eller indtil det er færdigt.

f) Pynt med persille, hvis det ønskes.

g) Server med ris eller toast som tilbehør.

h) God fornøjelse!!!

34. Gazpacho

Portioner: 6

ingredienser:

- 2 pund modne tomater, hakkede
- 1 rød peberfrugt (i tern)
- 2 fed hvidløg (kværnet)
- 1 spsk salt
- 1 spsk peber
- 1 spsk spidskommen (kværnet)
- 1 kop rødløg (hakket)
- 1 stor Jalapeno peber
- 1 kop olivenolie
- 1 lime 1 mellemstor agurk
- 2 spiseskefulde eddike
- 1 kop tomat (juice)
- 1 spsk Worcestershire sauce
- 2 spsk frisk basilikum (skåret i skiver)
- 2 skiver brød

Vejbeskrivelse:

a) I en røreskål kombineres agurk, tomater, peberfrugt, løg, hvidløg, jalapeño, salt og spidskommen. Rør det hele sammen.

b) Kombiner olivenolie, eddike, Worcestershire sauce, limesaft, tomatjuice og brød i en blender. Blend indtil blandingen er helt glat.

c) Bland den blandede blanding i den originale blanding ved hjælp af en sigte.

d) Sørg for at kombinere alt fuldstændigt.

e) Hæld halvdelen af blandingen i blenderen og purér den. Blend indtil blandingen er helt glat.

f) Kom den blandede blanding tilbage til resten af blandingen. Rør det hele sammen.

g) Stil skålen på køl i 2 timer efter tildækning.

h) Fjern skålen efter 2 timer. Smag blandingen til med salt og peber. Drys basilikum på toppen af fadet.

i) Tjene.

35. Blæksprutte og ris

Portioner: 4

ingredienser:

- 6 oz. skaldyr (alt efter eget valg)
- 3 fed hvidløg
- 1 mellemstort løg (skåret i skiver)
- 3 spsk olivenolie
- 1 grøn peber (skåret i skiver)
- 1 spiseskefulde blæksprutteblæk
- 1 bundt persille
- 2 spsk paprika
- 550 gram blæksprutte (renset)
- 1 spsk salt
- 2 selleri (i tern)
- 1 frisk laurbærblad
- 2 mellemstore tomater (revet)
- 300 g calasparra ris
- 125 ml hvidvin
- 2 dl fiskefond
- 1 citron

Vejbeskrivelse:

a) I en stegepande hældes olivenolie. Kombiner løg, laurbærblad, peber og hvidløg i en røreskål. Tillad et par minutters stegning.

b) Smid blæksprutte og skaldyr i. Kog i et par minutter, og fjern derefter blæksprutten/skaldyrene.

c) I en stor røreskål kombineres paprika, tomater, salt, selleri, vin og persille. Lad grøntsagerne koge færdig i 5 minutter.

d) Smid de skyllede ris i gryden. Bland fiskefond og blæksprutteblæk i en røreskål.

e) Kog i alt 10 minutter. Kombiner skaldyr og blæksprutter i en stor røreskål.

f) Kog i 5 minutter mere.

g) Server med aioli eller citron.

36. Roesuppe i Ukraine-stil

Udbytte: 6 portioner

Ingrediens

- 4 mellemstore tomater
- 4 spsk Smør
- 1 kop løg; fint hakket
- 2 fed hvidløg, pillede; fint hakket
- 1 pund Rødbeder, afskåret af blade, skrællede, groft revet
- ½ sellerirod, skrællet; groft revet
- 1 Persillerod, skrællet; groft revet
- 1 pastinak, skrællet; groft revet
- ½ tsk sukker
- ¼ kop rødvinseddike
- 1 spsk Salt
- 2 liter oksefond, frisk eller dåse
- 1 pund Kogende kartofler, skrællede; skæres i 1 1/2-tommers stykker
- 1 pund Kål, udkernet; groft strimlet

- 1 pund kogt bryst, eller 1 lb. kogt skinke, skåret i 1-tommers stykker

- 3 spsk Persille; fint hakket

- ½ pint creme fraiche

Vejbeskrivelse

a) Kom tomaterne i kogende vand i 15 sekunder. Kør dem under koldt vand og pil dem. Skær stilken ud, og skær dem derefter i halve på tværs.

b) Pres forsigtigt halvdelene for at fjerne saft og frø, hak dem derefter groft og stil til side.

c) I en 10- til 12-tommer stegepande eller gryde, smelt smørret over moderat varme, tilsæt løg og hvidløg og kog 6 til 8 minutter, eller indtil de er bløde og letfarvede, under jævnlig omrøring. Rør rødbeder, sellerirod, persillerod, pastinak, halvdelen af tomaterne, sukker, eddike, salt og 1½ dl af fonden i. Bring det i kog ved høj varme, dæk derefter delvist til gryden og sænk varmen. Lad det simre i 40 minutter.

d) Hæld i mellemtiden den resterende bouillon i en 6-8-qt gryde og tilsæt kartoflerne og kålen. Bring det i kog, og lad det simre delvist tildækket i 20 minutter, eller indtil kartoflerne er møre, men ikke falder fra hinanden.

e) Når grøntsagsblandingen har kogt sin afsatte tid, tilsættes den i gryden med de resterende tomater og kødet. Lad det simre delvist tildækket i 10 til 15 minutter, indtil borschten er opvarmet.

f) Smag til krydderier. Hæld i en terrin, drys med persille og server ledsaget af creme fraiche.

37. Ukrainsk agurk og citronborscht

Udbytte: 6 portioner

Ingrediens

- 4 kopper skrællede, frøede agurker --
- Groft hakket
- Saft af 2 små citroner
- 1 tsk Urtesalterstatning el
- Havsalt
- 1 spsk honning
- 1 kop fedtfri yoghurt
- 1 kop kildevand
- 1 kop hakket kalkunskinke
- 1 stor tomat - hakket
- Urtesalterstatning og
- Hvid peber - efter smag
- Friske dildkviste og sur
- Fløde - til pynt

Vejbeskrivelse

a) Kom agurker, citronsaft, salterstatning, honning, yoghurt og vandet i en blender og puré, indtil det er meget glat. Tilsæt hakket skinke. Hæld suppen i en stor skål, dæk med plastfolie og stil den på køl natten over (8 til 12 timer).

b) Om morgenen purér tomat og tilsæt suppen. Smag efter krydderier og tilsæt mere salterstatning og peber, hvis det er nødvendigt.

c) Server suppen i afkølede skåle med en pynt af frisk dild og en klat creme fraiche.

38. Syrlig picklesuppe

Serverer 5

Ingredienser:

- 6 dl grøntsagsbouillon
- 1½ kop revet gulerod
- ½ kop selleri i tern
- 1 kop skrællede friske kartofler, skåret i tern
- 1 kop hvidløg eller dild pickles, strimlet
- Mel efter behov (ca. ¼ kop)

Vejbeskrivelse

a) Bring bouillon i en stor gryde til et hurtigt kog, sænk derefter varmen til lav og lad det simre. Lad det simre i 15 minutter med gulerødder, selleri og kartofler.

b) Kog i 30 minutter, eller indtil kartoflerne er kogte, tilsæt pickles efter behov. Hvis du vil have en tykkere suppe, lav en pasta med lige dele mel og vand.

c) Hæld langsomt mælken i, under konstant omrøring, indtil suppen er let tyknet.

39. Borsjtj

Serverer 6

Ingredienser:

- 2 bundter rødbeder med grønt (ca. 8-9 mellemstore rødbeder)
- ½ kop hakket løg
- 1 pund dåse suppede tomater
- 3 spiseskefulde frisk citronsaft
- ⅓ kop vegansk granuleret sødemiddel

Vejbeskrivelse

a) Skrub og rens rødbederne, men lad skindet sidde. Hold greens sikkert. Kombiner rødbeder, løg og 3 liter vand i en stor gryde.

b) Kog i en time, eller indtil rødbederne er meget bløde. Fjern rødbederne fra vandet, men SLÅ IKKE VANDET VÆK. Smid løgene ud.

c) Kom rødbederne tilbage i vandet efter at have hakket dem fint. Grønt skal vaskes og hakkes, før det tilsættes vand. Bland tomater, citronsaft og sødemiddel i en røreskål. Kog i 30 minutter ved middel varme, eller indtil grøntsager er møre.

d) Inden servering afkøles i mindst 2 timer.

40. Jordbær/blåbær suppe

Serverer 4

Ingredienser:

- 1 pund friske jordbær eller blåbær, renset godt
- 1 ¼ kopper vand
- 3 spiseskefulde vegansk granuleret sødemiddel
- 1 spiseskefuld frisk citronsaft
- ½ kop soja- eller riskaffefløder
- Valgfrit: 2 kopper kogte, afkølede nudler

Vejbeskrivelse

a) I en mellemstor gryde kombineres frugten med vandet og opvarmes til et hurtigt kog.

b) Reducer varmen til lav, dæk til og kog i 20 minutter, eller indtil frugten er meget blød.

c) Blend i en blender, indtil det er glat. Kom puréen tilbage i gryden og rør sukker, citronsaft og flødekande i. Lad det simre i 5 minutter efter omrøring.

d) Inden servering afkøles suppen i mindst 2 timer.

e) Denne suppe serveres traditionelt alene eller med kolde nudler.

41. Kålsuppe

Serverer 6

Ingredienser:

- 2 spsk margarine
- 2 kopper strimlet grønkål
- ½ tsk sort peber
- 3 kopper vand
- 2 kopper skrællede og skåret kartofler
- ½ kop hakket frisk tomat

Vejbeskrivelse

a) Smelt margarine i en suppegryde.

b) Tilsæt kål og peber og kog i cirka 7 minutter, eller indtil kålen er brunet.

c) Smid kartofler, tomater og vand i; dæk til og kog i 20 minutter, eller indtil kartoflerne er kogte.

42. Grøntsagssuppe

Serverer: 4

Ingredienser:

- suppegrøntsager (2 gulerødder, ½ sellerirod, 1 porre, frisk persille)
- 1 kop (100 g) blomkålsbuketter
- ½ kop (50 g) kogt majs
- salt og peber
- valgfrit: bouillonterning, løg

Vejbeskrivelse

a) Bring 2 liter (2 liter) vand i kog i en stor gryde.

b) Skær gulerødder, sellerirod og porre i 1/4-tommer (6 mm) skiver. Reducer varmen til lav og tilsæt de snittede grøntsager, blomkålsbuketter og majs til det kogende vand.

c) Smag til med salt og peber efter smag, og lad det simre i cirka 40 minutter ved middel varme.

d) Pynt med persillebuketter i tern.

43. Tomatsuppe

Serverer: 4

Ingredienss:

- 2 liter bouillon
- 2 spsk kokoscreme
- 1 spsk mel
- 5 oz. (150 ml) tomatpure
- salt og peber
- Dild

Vejbeskrivelse

a) Si bouillon lavet af suppegrøntsager (2 gulerødder, 12 løg, 12 selleriroder, 1 porre, talrige persillestilke) og behold væsken.

b) Bland kokoscremen med melet, og tilsæt det derefter til bouillonen sammen med tomatpuréen.

c) Bring det i kog ved høj varme, krydr med salt og peber og pynt med dild.

d) For at gøre suppen mere mættende kan du tilføje ris eller nudler.

44. Picklesuppe

Serverer: 4

Ingredienser:

- 3 kartofler
- 1 bouillonterning
- 1 spsk kokossmør
- 2 store pickles, fint skåret
- 1 kop (250 ml) syltesaft
- 2 spsk kokoscreme
- 1 spsk mel
- salt
- Dild

Vejbeskrivelse

a) Skræl og skær kartoflerne i halv tomme (1,3 cm) tern, kog dem derefter med bouillonterningen og kokossmør i 2 liter (2 liter) vand.

b) Tilsæt fint skåret pickles og syltesaft efter cirka 20 minutter, når kartoflerne begynder at blive bløde.

c) Kom kokosfløde og mel i en separat skål, og tilsæt derefter gradvist 3 spsk af bouillonen, der simrer ved varmen. Kom derefter blandingen tilbage i suppen og bring den i kog igen.

d) Tilsæt salt og hakket dild efter smag (men smag først på suppen for at sikre dig, at syltesaften ikke er for voldsom).

e) Ris kan bruges i stedet for kartoflerne. Når suppen er færdig, spring trin 1 over og tilsæt 3 kopper kogte ris.

45. Sur rugsuppe

Serverer: 2

Ingredienser:

- 2 qt. bouillon
- 2 kopper syrnet rugmel
- 2 spsk mel
- Salt
- 2 fed hvidløg
- valgfrit: svampe

Vejbeskrivelse

h) Kog suppegrøntsager i 2 liter vand for at lave bouillon. Du kan også tilføje nogle hakkede svampe, hvis det ønskes.

i) Kør suppen gennem en si, gem væsken, og tilsæt blandingen og melet til bouillonen, når grøntsagerne er møre (ca. 40 minutter).

j) Du kan smage til med salt.

k) Tilsæt hvidløg til bouillonen, fint revet eller skåret i tern.

46. Afkølet roe suppe

Serverer: 2

Ingredienser:

- 1 bundt rødbeder
- 1 agurk
- 3-5 radiser
- dild
- purløg
- 1 liter almindelig plantebaseret yoghurt
- salt og peber
- sukker
- valgfrit: citronsaft

Vejbeskrivelse

a) Fjern rødbederne fra bundtet, skær kun stilkene og rødbedebladene i fint tern, og lad dem simre i cirka 40 minutter i en lille mængde vand, indtil de er bløde. Lad køle af inden servering.

b) Agurk, radiser, dild og purløg skal alt sammen hakkes fint. Kombiner disse ingredienser, såvel som roeblandingen, i den plantebaserede yoghurt og rør grundigt.

c) Smag til med salt, peber, sukker og citronsaft, hvis det ønskes. Blend eller purér suppen, hvis du ønsker en glattere konsistens.

d) Serveres afkølet med dild i tern på toppen.

e) Denne suppe er traditionelt lavet med kun stilke og blade fra rødbedeplanten. Du kan dog kun bruge rødbederne. 1 pund kogte rødbeder, fint revet og kombineret med de resterende ingredienser

47. Frugtsuppe

Serverer: 4

Ingredienser:

i) 1 spsk kartoffelmel

j) 1 kop (250 ml) bouillon, afkølet

k) 3 æbler

l) 8 oz. (250 g) blommer eller kirsebær

m) ⅓-½ kop (75-115 g) sukker

Vejbeskrivelse

a) For at lave en opslæmning kombineres halvdelen af den kolde bouillon med melet.

b) Kog æblerne, blommerne eller kirsebærene i 1½ liter (1½ liter) vand, efter du har skrællet dem. Når frugten er blød, riv den på et fint rivejern eller purér den med vandet i en blender, og smag til med sukker.

c) Bland mel og bouillon i en røreskål.

d) Rør bouillonblandingen i, indtil alt er ordentligt blandet.

48. Kartoffelsuppe

Serverer: 4

Ingredienser:

- 1½ liter grøntsagsbouillon
- 2 løg
- 2 porrer
- 5 fed hvidløg
- 3 spsk olivenolie
- 4 kartofler
- urter: laurbærblade, timian, purløg
- salt og peber

Vejbeskrivelse

a) Skær løg og porrer fint, skær dem derefter i kvarte tomme (6 mm) ringe og svits dem i olivenolie med hvidløgsfed i skiver.

b) Skær kartoflerne i terninger efter rensning, skrælning og rensning af dem.

c) Tilsæt kartofler, krydderurter, salt og peber, når løg og porrer er mellembrune. Rør et par øjeblikke, dæk derefter med bouillon og kog i cirka 30 minutter ved svag varme, til kartoflerne er møre.

d) Efter at suppen er afkølet, purér den i en blender, indtil den er glat. Smag til med salt og peber efter smag.

49. Citronsuppe

Serverer: 4

Ingredienser:

- 2 liter bouillon eller bouillon
- ½-1 kop (95-190 g) hvide ris
- 2 citroner
- salt og peber
- valgfrit: ½ kop kokosfløde

Vejbeskrivelse

a) Lav bouillon med 2 liter (2 liter) vand og suppegrøntsager eller bouillon (2 gulerødder, 12 løg, 1 selleri, 1 porre, mange persillestængler).

b) Kog risene i kun bouillon eller bouillon, indtil de er grødet, cirka 25 minutter.

c) Skræl 1 citron, skær den i fine skiver og vend den med lidt salt i de kogende ris.

d) Fortsæt med at røre suppen, mens du tilsætter den resterende citronsaft.

e) Kog i et par minutter ved svag varme, smag til med salt og peber.

50. Asparges suppe

Serverer: 4-6

Ingredienser:

- 1 lb. (450 g) hvide asparges
- suppegrøntsager (2 gulerødder, 1 porre, ½ sellerirod, frisk persille)
- 2 spsk kokossmør
- ¼ kop (30 g) mel
- salt og sukker
- ½ kop (125 ml) kokoscreme

Vejbeskrivelse

a) Skræl aspargesskallerne og rens aspargesene. Kog aspargesstilkene og suppen, indtil de er møre i en gryde med 2 liter vand. Bouillonens væske skal gemmes.

b) Kog aspargeshovederne separat i en lille mængde vand.

c) Purér aspargesstilkene og riv dem fint.

d) Kombiner de purerede asparges med suppebouillonen.

e) Smelt kokossmørret i en stegepande og rør melet i, så du får en roux ved svag varme. Tilsæt de kogte aspargeshoveder, salt og peber til suppen, mens den koger.

f) Server med croutoner og en klat kokoscreme til sidst.

51. Kohlrabi suppe

Portioner: 6 portioner

ingredienser

- 1 kålrabi skrællet, i tern, brug også blade
- 1 mellemstor løg finthakket
- 1 mellemstor gulerod skrællet, skåret i tern
- 2 mellemstore kartofler skrællet, skåret i tern
- 2 spsk persille og dild hver, finthakket
- 1 l grøntsagsfond varm
- 1 spsk olie og smør hver
- Havsalt og peber efter smag
- 1 spsk majsstivelse plus 2 spsk varmt vand

Vejbeskrivelse

a) Skræl og skær kålrabibladene groft, kassér stilkene. Skær kålrabi, gulerødder og kartofler i tern.

b) Varm 1 spsk olie i en stor gryde, tilsæt derefter løget og lad det simre i 3 minutter, eller indtil det er blødt. Kog i et par minutter under jævnlig omrøring med resten af grøntsagerne og persille.

c) Tilsæt grøntsagsfond, peber for at krydre, rør rundt, læg låg på og bring det i kog, reducer derefter til lav varme og kog under jævnlig omrøring i cirka 30 minutter, eller indtil grøntsagerne er bløde.

d) Tilsæt den hakkede dild og lad det simre i 3 minutter mere. Du kan tykne suppen på dette tidspunkt (selvom du ikke behøver det). For at gøre det, kombiner 2 spsk varmt vand med majsstivelse, rør derefter i suppen og kog i 3 minutter.

e) Tag den af varmen, smag til og kom en spiseskefuld smør i inden servering.

52. ukrainsk bønnesuppe

Udbytte: 10 portioner

Ingrediens

- 1 pund hvide bønner, tørrede
- 1½ pund surkål
- ¾ pund salt svinekød
- 4 kartofler i tern
- ½ kop vegetabilsk olie
- 1½ spsk mel
- 1 stk Løg, lg. hakket groft
- 1 tsk salt
- 1 tsk sort peber
- 4 laurbærblade
- 3 fed hvidløg, hakket
- 2 spsk peberkorn
- ½ kop yoghurt, almindelig
- 1 hver gulerod, lg. hakket

a) Læg bønnerne i blød natten over. Kog kød, kartofler, bønner og surkål hver for sig.

b) Udben kødet, når det er færdigt, og skær det i $\frac{1}{2}$" tern. Skær kartoflerne i tern. Knus bønnerne.

c) Lav en roux med olie, mel og løg. Kom kød og grøntsager i en gryde, tilsæt roux og laurbærbladene.

d) Dæk med bouillon og kog 10 minutter mere.

53. Go grøn suppe

Gør: 2 portioner

ingredienser

- 4 agurker hakkede, mellemstore
- selleri stilk hakket
- spsk limesaft
- 1 1/2 kop brøndkarseblade (pakket), plus 1/2 kop ekstra blade til pynt
- avocado moset
- 1 tsk hvedegræspulver frysetørret
- 1 skvæt havsalt efter smag
- 1 skvæt friskkværnet sort peber efter smag

Vejbeskrivelse

a) Brug en blender til at purere 2 kopper vand med agurker, selleri, limesaft, 1 1/2 kopper brøndkarse og havsalt.

b) Blend så glat som muligt. Brug en stor finmasket si til at si blandingen og skab en levende grøn bouillon. (Osteklæde kan også bruges i stedet for en si, brug et par lag for at skabe et finere mesh.)

c) Kom bouillonen tilbage i blenderen og tilsæt avocado og hvedegræspulver. Blend indtil glat. Afkøl i minimum 30 minutter.

d) Til servering pyntes med et par brøndkarseblade og lidt sort peber.

54. Thai kokos karry Ramen

Gør: 2 portioner

Ingredienser:

- 1 1/2 spsk vegansk rød karrypasta
- 1/3 rødløg, i tern
- 2 fed hvidløg, hakket
- 2 ingefær på størrelse med tommelfinger, revet
- 1 stilk frisk citrongræs, hakket
- 2 tsk ren ahornsirup eller brun farin
- 3 spsk lime- eller citronsaft
- Salt efter smag
- En tallerkenfuld blandede grøntsager
- 2 dåser kokosmælk
- 1 1/2 kop grøntsagsbouillon
- 3-4 kaffir limeblade
- 2-3 pakker frisk japansk ramen ELLER erstatning med andre tørre ramennudler
- Få skiver kogt tempeh eller tofu
- 1 kop frosne eller friske majs til topping - optøet hvis frossen

- 4-5 cherrytomater

- Få limebåde

- Håndfuld rød radise mikrogrønt

Rutevejledning:

a) Stil en stor gryde over medium-høj varme. Tilsæt 1/2 kop grøntsagsbouillon, tilsæt derefter karrypasta, skalotteløg, hvidløg, ingefær og citrongræs og hakket løg. Kog indtil karrypasta er helt opløst, cirka 8 minutter.

b) Tilsæt 2 dåser kokosmælk og den resterende grøntsagsbouillon. Bring karryen i kog, og lad den simre let.

c) Tilsæt grøntsagsblandingen, kafirlimeblade og ahornsirup. Læg låg på og lad det simre i cirka 5-8 minutter.

d) Bring imens en middel gryde vand i kog. Dette vil være dit kogevand til ramen. Læg ramen i kogende vand og løsn nudlerne, og sørg for at de er jævnt fordelt.

e) Kog til al dente, afdryp og skyl under koldt vand. Sæt til side.

f) Fordel ramen i 2-3 suppeskåle, øs den lækre karrysuppe ovenpå og pynt med friske krydderurter, tomater, majs, tofu eller tempeh.

55. Ristet broccoli mikrogrøn suppe

Gør: 2 portioner

ingredienser

- 1 hoved broccoli, skåret i små buketter
- 1 stort gult løg, skåret i tern
- 4 hele fed hvidløg, pillede
- 1 spiseskefuld vindruekerneolie
- 1/4 tsk salt
- 4 kopper grøntsagsbouillon
- 2 kopper broccoli mikrogrønt
- 3 oz. fetaost, hakket
- 1 kop kogte eller dåse marinebønner
- Saft af 1/2 citron
- 1/2 tsk chilipulver
- 3 spsk usaltede ristede solsikkekerner
- 2 spiseskefulde ekstra jomfru olivenolie

Vejbeskrivelse

a) Forvarm ovnen til 425°F.

b) Sæt en bageplade med kant i ovnen, mens den varmer.

c) I en røreskål kombineres broccoli, løg og hvidløg med olie og salt.

d) Fordel broccolien ud på en varm bageplade og steg i 25 minutter under omrøring én gang.

e) Blend eller bearbejd bouillon, ristede grøntsager, mikrogrønt, feta, bønner, citronsaft og chilipulver, indtil det er glat i en blender eller foodprocessorbeholder.

f) Lun suppen i en gryde og spæd evt. med ekstra bouillon eller vand.

g) Pynt med yderligere mikrogrønt, feta, solsikkekerner og et skvæt olie.

56. Tomatsuppe

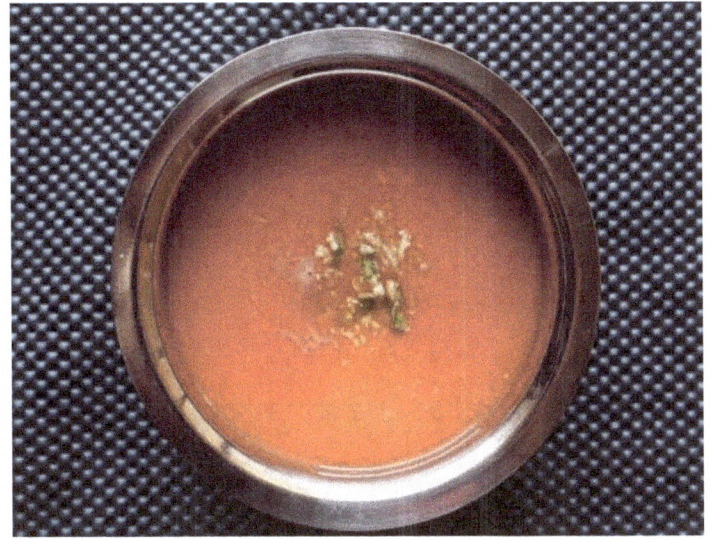

UDBYTTE: 6 KOPPER (1,42 L)

ingredienser

- 2 tsk olie
- 1 dynge tsk spidskommen frø
- ½ tsk gurkemejepulver
- 4 mellemstore tomater, skrællede og groft hakkede
- 1 stykke ingefærrod, skrællet og revet eller hakket
- 3 fed hvidløg, pillede og hakkede
- 1-2 grønne thai-, serrano- eller cayenne-chiles, hakket
- ¼ kop (4 g) hakket frisk koriander
- ½ tsk rødt chilipulver eller cayennepepper
- 4 kopper (948 ml) vand
- 1 tsk groft havsalt
- ½ tsk malet sort peber
- Saft af ½ lime
- 2 spsk ernæringsgær
- Croutoner, til pynt

Vejbeskrivelse

a) I en stor suppegryde opvarmes olien over medium-høj varme.

b) Tilsæt spidskommen og gurkemeje og kog indtil frøene syder, cirka 30 sekunder.

c) Tilsæt tomater, ingefærrod, hvidløg, chili, koriander, rød chilipulver og vand. Bring i kog.

d) Reducer varmen til middel-lav varme og lad det simre i cirka 15 minutter. Når tomaterne er bløde, bearbejdes de med en stavblender, indtil de er glatte.

e) Tilsæt salt, sort peber, limesaft og næringsgær, hvis du bruger. Bland godt og server rygende varm, pyntet med croutoner. Gør dette til et minimåltid ved at tilføje en spiseskefuld kogte brune eller hvide basmatiris til hver kop før servering.

57. Seitan Mulligatawny suppe

UDBYTTE: 12 KOPPER (2,84 L)

ingredienser

- 1 kop (192 g) tørrede røde spaltede (brune) linser (masoor dal), renset og vasket

- 8 kopper (1,90 L) vand

- 1 mellemstor løg, pillet og hakket groft

- 2 mellemstore tomater, skrællede og groft hakkede (1 dynger kop [160 g])

- 1 lille kartoffel, skrællet og skåret i tern

- 1 spsk hele sorte peberkorn

- 1 tsk gurkemejepulver

- 1 (8-ounce [227-g]) pakke almindelig seitan, drænet og skåret i små stykker (2 kopper)

- 2 tsk groft havsalt

- 1 tsk kværnet sort peber

- 1 spsk gram (kikærte) mel (besan)

- 3 spsk olie

- 3 spiseskefulde ingefær-hvidløgspasta

- 2 tsk stødt spidskommen
- 2 tsk stødt koriander
- 1 tsk rødt chilepulver eller cayennepepper
- Saft af 1 citron

Vejbeskrivelse

a) Kom linser, vand, løg, tomater, kartofler, peberkorn og gurkemeje i en stor, tung suppegryde. Bring det i kog over medium-høj varme, og reducer derefter varmen til et simre.

b) Kog delvist tildækket i 20 minutter.

c) Bland imens seitan, salt og kværnet sort peber sammen.

d) Når suppen er færdigkogt, blendes den, til den er glat, enten med en stavblender, en almindelig blender eller en kraftigere blender. Blend i portioner, hvis det er nødvendigt.

e) Drys seitanen let med grammel.

f) I en lille stegepande varmes olien op ved middelhøj varme.

g) Tilsæt ingefær-hvidløgspastaen og steg i 1 til 2 minutter. (Har et låg ved hånden; olien kan sprøjte. Bliv ved med at røre, og sænk varmen, hvis det er nødvendigt.)

h) Tilsæt spidskommen, koriander og rød chilipulver og rør i 1 minut.

i) Tilsæt seitanblandingen og kog i yderligere 3 minutter, indtil den er let brunet.

j) Tilsæt denne blanding til suppen, og bring i kog.

k) Tilsæt citronsaften.

l) Server rygende varm, i skåle. Du kan også tilføje en spiseskefuld kogte ris til hver skål, før du tilføjer suppen for ekstra tekstur.

58. Krydret grøn suppe

UDBYTTE: 8 KOPER

ingredienser

g) 2 spsk olie

h) 1 tsk spidskommen frø

i) 2 kassia blade

j) 1 mellemstor gult løg, pillet og hakket groft

k) 1 stykke ingefærrod, skrællet og revet eller hakket

l) 10 fed hvidløg, pillede og groft hakket

m) 1 lille kartoffel, skrællet og hakket groft

n) 1-2 grønne thai-, serrano- eller cayenne-chiles, hakket

o) 2 kopper (290 g) ærter, friske eller frosne

p) 2 kopper (60 g) pakket hakket grønt

q) 6 kopper vand

r) ½ kop (8 g) hakket frisk koriander

s) 2 tsk groft havsalt

t) ½ tsk stødt koriander

u) ½ teskefuld ristet stødt spidskommen

v) Saft af ½ citron

w) Croutoner, til pynt

Vejbeskrivelse

a) I en dyb, tung suppegryde opvarmes olien over medium-høj varme.

b) Tilsæt spidskommen og kassiablade og varm op, indtil frøene syder, cirka 30 sekunder.

c) Tilsæt løg, ingefærrod og hvidløg. Kog i yderligere 2 minutter, bland af og til.

d) Tilsæt kartoflen og kog i yderligere 2 minutter.

e) Tilsæt chili, ærter og grønt. Kog 1 til 2 minutter, indtil det grønne er visnet.

f) Tilsæt vandet. Bring det i kog, skru ned for varmen og lad det simre uden låg i 5 minutter.

g) Tilsæt koriander.

h) Fjern kassiaen eller laurbærbladene og blend med en stavblender.

i) Kom suppen tilbage i gryden. Tilsæt salt, koriander og stødt spidskommen. Sæt suppen i kog. Tilsæt citronsaften.

59. Tomat og tamarind suppe

UDBYTTE: 12 KOPPER (2,84 L)

ingredienser

- ½ kop (96 g) tørrede flækkede og flåede dueærter (toor dal), renset og vasket

- 4 mellemstore tomater, skrællede og groft hakkede (4 kopper [640 g])

- 1 stykke ingefærrod, skrællet og revet eller hakket

- 2 tsk groft havsalt

- 1 tsk gurkemejepulver

- 1 kop (237 ml) tamarindjuice

- 2 spsk Rasam pulver

- 7 kopper (1,66 L) vand

- 1 spsk olie

- 1 tsk sorte sennepsfrø

- 1 tsk spidskommen frø

- 15-20 karryblade, hakket groft

- 1 dynger spiseskefuld hakket frisk koriander, til pynt

- Citronbåde, til pynt

Vejbeskrivelse

a) Kom dueærter, tomater, ingefærrod, salt, gurkemeje, tamarindjuice, Rasam-pulver og vand i slowcookeren. Kog ved høj i $3\frac{1}{2}$ time.

b) Blend med en stavblender, i en traditionel blender eller i en kraftig blender.

c) I mellemtiden laver du tempereringen (tarka) på komfuret. I en sauterpande opvarmes olien over medium-høj varme. Tilsæt sennep og spidskommen og kog indtil blandingen syder, cirka 30 sekunder. Tilsæt karrybladene og kog indtil bladene bliver let brune og begynder at krølle. Pas på med at blande indimellem, så krydderierne ikke brænder på. Efter 1 til 2 minutter, læg den varme blanding i slow cookeren.

d) Kog suppen i yderligere 30 minutter og server straks, pyntet med koriander og en citronskive.

60. Tomatsuppefond

UDBYTTE: 4½ KOPPER (1,1 L)

ingredienser

- 1 stort løg, pillet og hakket groft
- 4 store tomater, pillede og groft hakkede
- 1 kop (96 g) skrællet og grofthakket ingefærrod
- 10 fed hvidløg, pillet og skåret
- 1 spsk gurkemejepulver
- ¼ kop olie (59 ml)

Vejbeskrivelse

a) Kom alle ingredienserne i slowcookeren og bland forsigtigt.

b) Kog ved høj i 6 timer.

c) Bearbejd blandingen, indtil den er jævn med en stavblender, en traditionel blender, en foodprocessor eller en kraftig blender.

d) Kom blandingen tilbage i slow cookeren og kog i endnu en time ved høj temperatur. Opbevares i køleskabet i op til 1 uge eller i fryseren i op til 3 måneder.

61. Ingefærsuppefond

UDBYTTE: 7 KOPER

ingredienser

- 2 store gule løg, pillede (4 kopper [600 g] stødt)
- 2 pund ingefærrod, skrællet (4 kopper malet)
- 2 dybe kopper hvidløg, pillet og trimmet
- 4 spiseskefulde (24 g) spidskommen frø
- 4 spiseskefulde (27 g) gurkemejepulver
- ½ kop (119 ml) olie
- ½ kop (119 ml) vand

Vejbeskrivelse

a) Kværn løg, ingefærrod og hvidløg hver for sig i en kraftig blender. Nøglen er at male hver ingrediens så fint som muligt.

b) Tilsæt spidskommen, gurkemeje og olie til slow cookeren.

c) Rengør blenderkanden med vandet og hæld det i slowcookeren. Bland forsigtigt.

d) Kog ved høj i 10 timer. Denne blanding holder op til 1 uge i køleskabet og op til 3 måneder i fryseren.

62. Ingefær sojamælksuppe

UDBYTTE: 3½ KOPPER (3,32 L)

ingredienser

- 2 kopper almindelig usødet sojamælk
- ¼ kop (59 ml) Adarak Masala
- ½ tsk groft havsalt
- ½ tsk rødt chilipulver eller cayennepepper
- 1-3 grønne thai-, serrano- eller cayenne-chiles, hakket
- ½ kop (119 ml) vand (valgfrit)
- ¼ kop (4 g) hakket, frisk koriander

Vejbeskrivelse

- I en gryde ved middelhøj varme bringes sojamælken i et let opkog.
- Tilsæt Adarak Masala, salt, rød chilipulver, grøn chili og vand (hvis du bruger). Bring i kog, tilsæt koriander og server med tyk roti eller naan.

63. Tonyu bouillon

Ingredienser:

- 500 g kalkunben (knust)
- 1 liter sojamælk
- 20 g ingefær (skåret i skiver)
- 1 stang porre (finhakket)
- salt
- 400 ml vand

Rutevejledning:

a) Tag en stor gryde og tilsæt kalkunben, porre, ingefær og 400 ml vand.

b) Lad det hele koge i cirka 15 minutter med låget lukket.

c) Åbn låget og vent til bouillonen er reduceret til ca. 100-150 ml.

d) Tilsæt sojamælken og lad det koge i yderligere 10 minutter. Advarsel: sojamælk brænder let på.

e) Si bouillonen. Kom 235 ml hver i en suppeskål. Tilføj pasta og toppings efter ønske.

64. Miso bouillon

Ingredienser:

- 1 mellemstor gulerod (skrællet og groft hakket)
- ½ løg (skrællet og groft hakket)
- ½ æble (udkeret, skrællet og groft skåret)
- 1 stilk selleri (groft skåret)
- 3 fed hvidløg (pillet)
- 120 ml kokosolie
- 2 spsk sesamolie
- 340 g hakket kød
- 2 teskefulde frisk ingefær (skåret i skiver)
- 1 tsk siracha
- 2 spsk sojasovs
- 1 tsk æblecidereddike
- 1 tsk salt
- 1 spsk sesam
- 175 ml Shiro Miso (hvid miso, let og sød)
- 175 ml Akamiso Miso (rød miso, mørk og salt)
- 475 ml kylling eller grøntsagsfond

Rutevejledning:

a) Krog gulerod, løg, æble og stangselleri fint.

b) Kom kokosolie og 1 tsk sesamolie i en stor gryde ved middel varme. Derefter steges de hakkede grøntsager og frugter på panden i cirka 10-12 minutter, indtil løget er gennemsigtigt og æblet er let brunet. Skru derefter lidt ned for varmen.

c) Kom mjøden i gryden og vent ca. 8-10 minutter, indtil mjøden ikke længere er lyserød. Tilsæt ingefær, sojasovs, æblecidereddike og salt og rør det hele godt sammen.

d) Kom hele blandingen i foodprocessoren til kødet er fintmalet. Alternativt kan du fx B. bruge en kartoffelmoser.

e) Tilsæt sesamfrø og miso til blandingen og rør godt. Konsistensen skal være som en tyk pasta. Dette skaber miso-fundamentet.

f) Bring grøntsags- eller hønsebouillonen i kog. Tilsæt 6 teskefulde miso foundation.

g) Kom den færdiglavede suppe i to skåle (ca. 235 ml hver) og tilsæt pasta og toppings efter ønske.

65. Dashi bouillon

Ingredienser:

- 10 g kombu
- 10 g bonito flager
- 720 ml vand

Rutevejledning:

a) Tag en gryde med min. 500 ml kapacitet og kom bonitoflagerne i den ene gryde og kombu i den anden.

b) Bring begge gryder i kog og lad dem derefter simre i 1 time.

c) Si til sidst ingredienserne fra og tilsæt de to bryg sammen.

d) Kom 235 ml hver i en suppeskål. Tilføj pasta og toppings efter ønske.

66. Tonkotsu bouillon

Ingredienser:

- Seabura (kogt svinekam)
- 700 g sadel svinekød, skåret i strimler
- vand

Tonkotsu bouillon

- 225 g kyllingefødder (vaskede, uden hud og tæer)
- 3,6 - 4,5 kg svinekno (brudt, til knoglemarv)
- 455 g kartofler (skrællede og groft skåret)
- 4,7 liter vand
- Shiodare (til den salte smag)
- 1 stort rektangulært stykke kombu (ca. 25 cm lang, groft skåret)
- 2 små tørrede shiitakesvampe (knuste)
- 946 ml vand
- 2 teskefulde bonitoflager
- 300 g tæppeskaller
- 140 g salt
- Shoyudare (til sojasovs smag)

Rutevejledning:

a) Før du starter, skal du forberede chashu.

b) Start med Seabura: Kom svinekammen i en gryde og dæk med vand. Bring kort vandet i kog og lad det simre i 4 timer.

c) Tilberedning af Tonkotsu bouillon: Kog vandet i en separat gryde. Blancher kyllingefødderne, tør dem af og læg dem i en trykkoger med svineknoken og kartoflerne. Dæk det hele med 4,7 liter vand. Sørg for, at vandet og andre ingredienser ikke fylder mere end halvdelen af din gryde.

d) Varm gryden op, indtil der kommer damp ud af trykventilen (dette kan tage op til 20 minutter). Vent ca. 10 minutter til gryden er fyldt med damp. Sæt varmen på højeste niveau og lad det koge i en time.

e) Fremstilling af Shiodare: Tag en mellemstor gryde og bring kombu, shiitakesvampe og 950 ml vand i kog. Reducer varmen og var omkring 5 minutter. Tag kombu- og shiitakesvampene ud og overfør væsken til en ren mellemstor gryde.

f) Tilsæt bonitoflagerne til væsken, bring det i kog. Lad det simre i 5 minutter. Pres bonitoflagerne og fjern dem fra suppen. Kom suppen i en ren mellemstor gryde.

g) Bring suppen i kog og tilsæt tæppemuslingerne. Lad det simre i 5 minutter. Fjern muslingerne med en sigte. Overfør en liter af bouillonen til en ny gryde og tilsæt saltet (140 g).

h) Tag trykkogeren af komfuret efter en time og slip trykket. Knus svineknoglerne for at blotte knoglemarven. Kog det hele ved lav temperatur i endnu en time under omrøring igen og igen.

i) Tilføj en teskefuld chashu og shiodare til de suppeskåle, du planlægger at bruge til måltidet.

j) Tag sadlen af svinekød, der simrer af komfuret, og hæld vandet fra. Skær kødet i mindre stykker (ca. 5 cm). Skub hele kødet stykke for stykke gennem en grov sigte for at hakke det op. Seabura er klar.

k) Si suppen ud af trykkogeren og kom den i en separat gryde og hold den varm. Bring suppen i kog igen lige inden servering.

l) Skær Chashu i 6 mm stykker og steg dem på en pande til de er sprøde.

m) For at afslutte din suppe skal du tilføje den rygende varme Tonkotsu-suppe (235 ml) til suppeskålen. Tilføj en teskefuld Seabura til hver portion. Tilføj pasta og toppings efter ønske.

67. Shoyu bouillon

Ingredienser:

- 4 teskefulde kokosolie
- 2 mellemstore gulerødder (skrællede og groft hakkede)
- ½ løg (skrællet og groft hakket)
- 3 forårsløg (skåret i skiver)
- 1 æble (udkeret, skrællet og groft skåret)
- 2 selleristængler (groft skåret)
- 5 fed hvidløg (pillet)
- 5 tørrede shiitakesvampe (brækket i små stykker)
- 1 hel kylling
- 4 oksehalestykker (ca. 5 cm hver)
- 1 citron (i kvarte)
- 2,2 liter hønsefond med lavt natriumindhold
- 175 ml sojasovs
- 4 spiseskefulde dashi granulat
- 2 teskefulde salt
- ½ tsk hvid peber
- 1 laurbærblad

Rutevejledning:

a) Kom kokosolie, gulerødder, løg, æble, selleri, Konoblauch og den tørrede Shiitake-bunke i gryden.

b) Tilsæt derefter hele kyllingen, oksehale og citron. Sæt den hollandske ovn i ovnen i 8-10 timer og opvarm den til 90°C. Når oksehalen let kommer af benet, er den færdig.

c) Brug en hulske til at fjerne de grovere stykker. Si resten i en stor gryde. Du skal nu have en brun, skinnende suppe med højt fedtindhold.

d) Bring suppen i kog i en gryde. Kom 235 ml af suppen i hver suppeskål. Tilføj pasta og toppings efter ønske.

68. Shio bouillon

Ingredienser:

- 1 mellemstor gulerod (skrællet og groft hakket)
- ½ løg (skrællet og groft hakket)
- 3 forårsløg (skåret i skiver)
- ½ æble (udkeret, skrællet og groft skåret)
- 1 selleri stilk (skåret)
- 3 fed hvidløg
- 5 friske shiitakesvampe
- 120 ml kokosolie
- 1 tsk sesamolie
- 3 spiseskefulde dashi granulat
- 2 teskefulde salt

Bouillon:

- 2 tsk usaltet smør (pr. portion)
- Kyllinge- eller grøntsagsbouillon med lavt natriumindhold (235 ml pr. portion)
- Mirin (sød risvin; 2 teskefulde pr. portion)
- 1 stort rektangulært stykke kombu (ca. 25 cm lang, groft skåret)

- Tørrede shiitake-svampe (knust; 2 champignon pr. portion)

Rutevejledning:

a) Kom gulerod, løg, forårsløg, æble, hvidløgsfed og de friske shiitakesvampe i en foodprocessor og hak det hele, indtil der er dannet en pasta.

b) Varm kokosolie og sesamolie op i en medium gryde ved middel varme. Tilsæt frugt- og grøntsagspastaen og kog i cirka 10-12 minutter. Tilsæt derefter dashi-granulatet og saltet. Rør grundigt.

c) Til bouillonen kom smørret i en stor gryde og sæt det på middel varme. Når smørret begynder at blive let brunt og dufter nøddeagtigt, tilsættes kyllinge- eller grøntsagsbouillon, mirin, kombu og tørrede shiitakesvampe. Bring det i kog.

d) Skru derefter ned for varmen og lad det simre i 15 minutter. Brug en hulske til at fjerne de grovere stykker. Tilsæt Shio-grøntsags- og frugtbasen.

e) Kom 235 ml hver i en suppeskål. Tilføj pasta og toppings efter ønske.

69. Vegansk dashi bouillon

Ingredienser:

- 25 g shiitakesvampe (tørrede)
- 10 g kombu
- 1 liter vand

Rutevejledning:

a) Tag en gryde med min. 500 ml kapacitet og læg Shiitake-bunken i den ene gryde og kombu i den anden.

b) Bring begge gryder i kog og lad dem derefter simre i 1 time.

c) Si til sidst ingredienserne fra og tilsæt de to bryg sammen.

d) Kom 235 ml hver i en suppeskål. Tilføj pasta og toppings efter ønske.

70. Vegetarisk Kotteri bouillon

portioner: 8

Ingredienser:

- 500 g butternut squash (ca. 300 g skrællet og groft skåret)
- 2 løg (skrællet og groft hakket)
- 3 fed hvidløg (pillet)
- 100 g friske shiitakesvampe
- 6 tørrede shiitakesvampe
- 6-8 g kombu
- 2 liter vand
- 2 teskefulde paprikapulver
- 2 spsk ingefær (hakket)
- 75 ml sojasovs
- 4 WL misopasta
- 3 spiseskefulde riseddike
- 3 spiseskefulde kokosolie
- 2 teskefulde salt
- olivenolie

Rutevejledning:

a) Forvarm ovnen til 250°C.

b) Tag en stor gryde og bring ca. 2 liter vand i kog. Tilsæt de tørrede shiitakesvampe og kombu. Skru ned for varmen og lad det hele simre i cirka 1 time.

c) Bland græskar, løg, hvidløg og de friske shiitakesvampe med lidt olivenolie og paprika og fordel det på en bageplade.

d) Bag grøntsagerne i ovnen i cirka 15

e) minutter. Reducer temperaturen til 225°C og kog i yderligere 15 minutter.

f) Efter at bouillonen har simret i en time, fjernes svampe og kombu, og grøntsager og ingefær tilsættes. Lad bouillonen simre i 20 minutter med låget lukket.

g) Purér bouillonen fint.

h) Tilsæt derefter misopasta, sojasovs, riseddike, kokosolie og salt og purér bouillonen igen. Om nødvendigt kan bouillonen fortyndes med vand.

i) Kom 235 ml hver i en suppeskål. Tilføj pasta og toppings efter ønske.

71. Umami grøntsagsbouillon

portioner: 12

Ingredienser:

- 2 spiseskefulde lys misopasta
- 2 spsk rapsolie
- 2 spsk vand
- 2 løg (pillet og finthakket)
- 2 gulerødder (skrællet og finthakket)
- 4 selleristængler (fint hakket)
- 1 stang porre (finhakket)
- 1 fennikelløg (finhakket)
- 5 korianderrødder
- 1 hvidløgshoved (halveret)
- ½ bundt fladbladet persille
- 5 tørrede shiitakesvampe
- 20 g kombu
- 2 teskefulde salt
- 1 tsk sort peber

- 2 laurbærblade
- ½ tsk gule sennepsfrø
- ½ tsk korianderfrø
- 3,5 liter vand

Rutevejledning:

a) Bland misopastaen med rapsolien og 2 spsk vand og stil til side.

b) Læg grøntsagerne, kombu og shiitakesvampe på en bageplade. Dryp den blandede misopasta over det. Lad det hele stå i ovnen i 1 time ved 150 ° C. Vend det ind imellem.

c) Kom derefter de ristede grøntsager i en stor gryde. Tilsæt krydderierne og hæld vand i. Bring det hele i kog, reducer varmen og lad det så simre i 1,5 time.

d) Kom 235 ml hver i en suppeskål. Tilføj pasta og toppings efter ønske.

72. Klar løgsuppe

Portioner: 6

ingredienser

- 6 kopper grøntsagsbouillon (kan også bruge kyllinge- eller oksebouillon, eller en kombination af begge, hvis du har det. Sørg for at bruge en sort med lavt natriumindhold)
- 2 løg (i tern)
- 1 selleristængler (i tern)
- 1 gulerod (skrællet og skåret i tern)
- 1 spsk hvidløg (hakket)
- ½ tsk ingefær (hakket)
- 1 tsk sesamolie
- 1 kop knapsvampe (meget tynde skiver)
- ½ kop spidskål (skåret i skiver)
- efter smag salt og peber
- smag sojasovs (valgfrit)
- at smage Sriracha (valgfrit)

Vejbeskrivelse

a) Svits løgene i en gryde i lidt olie, indtil de er let karamelliserede. Cirka 10 minutter.

b) Tilsæt gulerod, selleri, hvidløg og ingefær, sesamolie og bouillon. Smag til med salt og peber.

c) Bring det i kog og lad det simre i 30 minutter.

d) Si grøntsagerne fra bouillonen.

e) Kom en håndfuld spidskål og svampe i tynde skiver i skåle. Hæld suppen ovenpå.

f) Valgfrit: Tilsæt et skvæt sojasovs og sriracha efter smag.

73. Baby ramen suppe

Portioner: 4

ingredienser

- 2 (14 1/2 oz.) dåser kyllingebouillon
- 1/2 lb. baby bok choy, halveret på langs
- 2 grønne løg, skåret i 2-tommer længder
- frisk ingefær, hakket
- 1 fed hvidløg, hakket
- 1 1/2 tsk sojasovs
- 1 (3 1/2 oz.) pakker ramennudler
- 1/4 lb. skiveskåret skinke
- 4 hårdkogte æg, pillet og delt i kvarte
- 1 tsk sesamolie

Vejbeskrivelse

f) Stil en gryde over medium varme. Rør bouillon, bok choy, grønne løg, ingefær, hvidløg og sojasovs i det.

g) Lad dem simre i 12 minutter. Kom nudlerne i gryden. Lad suppen koge i yderligere 4 minutter.

h) Server din suppe varm med dine yndlings toppings. God fornøjelse.

74. Nori nudler suppe

Portioner: 4

ingredienser

- 1 (8 oz.) pakke tørrede soba nudler
- 1 C. forberedt dashi-fond
- 1/4 C. sojasovs
- 2 spsk mirin
- 1/4 tsk hvidt sukker
- 2 spsk sesamfrø
- 1/2 C. hakket grønne løg
- 1 ark nori (tørret tang), skåret i tynde strimler (valgfrit)

Vejbeskrivelse

a) Kog nudlerne efter anvisningen på pakken. Dræn det og køl det ned med lidt vand.

b) Stil en lille gryde over medium varme. Rør dashi, sojasovs, mirin og hvidt sukker i det. Kog det til det begynder at koge.

c) Sluk for varmen og lad blandingen tabe varmen i 27 minutter. Fordel sesamfrøene med nudler på serveringsskåle og hæld bouillonsuppen over.

d) Pynt dine suppeskåle med nori og grønne løg.

e) God fornøjelse.

75. Ramen sesamsuppe

Portioner: 4

ingredienser

- 1 lb. top rund bøf, julienne
- 1 spsk jordnøddeolie
- 1/2 spsk sesamolie
- 1-tommer frisk ingefær, fint revet
- 2 fed hvidløg, hakket
- 1/4-1/2 tsk knuste røde peberflager
- 3 C. oksefond
- 2 bundter spidskål i tern
- 2 spsk risvinseddike
- 2 (3 oz.) pakker ramennudler, pakken fjernet 1/2 C. babygulerødder, revet

Vejbeskrivelse

a) Stil en stor stegepande over medium varme. Varm heri 1/3 af hver af olierne.

b) Svits ingefær, hvidløg og rød chili heri. Kog dem i 1 minut. Rør 1/3 af oksekødsskiverne i. Kog dem i 4 minutter. Læg blandingen til side.

c) Gentag processen med det resterende oksekød og olie, indtil det er færdigt. Stil en stor gryde over medium varme. Rør fond, eddike og spidskål deri. Kog dem til de begynder at koge.

d) Sænk varmen og kog det til det begynder at koge. Rør ramen i og kog den i 4 til 4 minutter, eller indtil den er færdig.

e) Hæld nudlerne i serveringsskålen og top den med det sauterede oksekød. Server den lun.

76. Fløde af ramen og champignon

Portioner: 4

ingredienser

- 1 (3 oz.) pakker ramennudler med kyllingsmag
- 1 (10 3/4 oz.) dåser fløde med svampesuppe
- 1 (3 oz.) dåser kylling

Vejbeskrivelse

a) Forbered ramen i henhold til anvisningerne på pakken.

b) Stil en stor gryde over medium varme. Rør suppe, kylling og krydderier i det. Kog dem i 6 minutter.

c) Dræn nudlerne og fordel dem mellem serveringsskåle. Hæld suppeblandingen over og server den lun. God fornøjelse.

77. Nudler karrysuppe

Portioner: 4

ingredienser

- 3 gulerødder, skåret i mundrette stykker
- 1 lille løg, skåret i mundrette stykker
- 3 spsk vand
- 1/4 C. vegetabilsk olie
- 1/2 C. universalmel
- 2 spsk universalmel
- 2 spsk rød karrypulver
- 5 C. varm grøntsagsfond
- 1/4 C. sojasovs
- 2 tsk ahornsirup
- 8 oz. udon nudler eller mere efter smag

Vejbeskrivelse

a) Anskaf en mikroovnssikker skål: Rør vandet med gulerod og løg i den. læg låg på og kog dem på høj i 4 minutter 30 sekunder.

b) Stil en suppegryde over medium varme. Varm olien op i den. Tilsæt 1/2 C. plus 2 spsk mel og bland dem til en pasta.

c) Tilsæt karryen med varm bouillon og kog dem i 4 minutter, mens du hele tiden blander. Tilsæt det kogte løg og gulerod med sojasovs og ahornsirup.

d) Kog nudlerne efter anvisningen på pakken, indtil de bliver bløde.

e) Kog suppen til den begynder at koge. Rør nudlerne i og server din suppe varm.

78. Japansk champignon nudelsuppe

ingredienser

- 2 oz Buna shimeji-svamp
- 1 bundt. Soba nudler eller dine foretrukne nudler. Koges og drænes efter anvisning
- 3 spsk mizkan suppebund
- 2 kogte æg, revet og halveret
- 1 bundt baby bok choy eller salat
- 2 kop. Vand
- 2 tsk hvide sesamfrø
- Skvalderkål, hakket

Instruktioner

e) Kog vandet i en mellemstor gryde og tilsæt suppebunden og baby bok choy og svamp. Kog i 2 minutter.

f) Anret den kogte nudel i tallerkener/skåle. Læg æggehalvdelene og dryp suppen over

g) Pynt med spidskål og sesamfrø

h) Server med spisepinde

79. Kyllinge nuddel suppe

Portioner: 4

ingredienser

- 2 spsk olivenolie
- 1 ½ dl porrer, til sidst hakket
- 3 fed hvidløg, hakket
- 1 ½ pund kyllingebryst, udbenet, skåret i små strimler
- 6-7 dl hønsefond
- Salt og peber efter smag
- 1-2 pakker ramen nudler
- 1 mellemstor citron, skåret i kvarte
- 1 kogt æg evt
- 1 spidskål, hakket, til pynt

Vejbeskrivelse:

1. Varm lidt olie op i en gryde ved middel varme.

2. Tilsæt porrer og hvidløg, steg rundt, indtil ingredienserne er kogte og bløde ved omrøring.

3. Tilsæt kyllingestrimlerne og steg i cirka 4-5 minutter.

4. Tilsæt lidt hønsefond, salt og peber og bring det i kog. Skru ned for varmen og lad suppen simre i 10-12 minutter.

5. Tilsæt nu nudlerne og kog indtil de er faste.

6. Tag af varmen og tilsæt lidt citronsaft.

7. Fordel suppen i 3-4 skåle.

8. Top med lidt spidskål og æg.

9. Server og nyd.

80. Svinekød Ramen suppe

Portioner: 4

ingredienser

- 3 spsk rapsolie
- 2-3 svinekoteletter, udbenet
- salt og sort peber efter smag
- 8-10 spidskål, i skiver, grøn og hvid skillevæg adskilt
- 1 2-tommer ingefær, skåret i skiver
- 8 kopper hønsebouillon
- 3 spsk eddike
- 2-3 pakker ramen nudler
- 2 spsk sojasovs
- 2 gulerødder, skrællede, revet
- 2-3 radiser, skåret i tynde skiver
- $\frac{1}{4}$ kop korianderblade, hakket

Vejbeskrivelse:

1. Varm en gryde op ved middel varme i 5 minutter. Tilsæt lidt olie og steg svinekødet, indtil det er gennemstegt, 5-6 minutter på hver side.

2. Smag den til med salt og peber.

3. Overfør det til en tallerken og dæk med folie. Stil til side i 5 minutter.

4. I samme gryde steges spidskålen med ingefær og koges i 30-50 sekunder.

5. Tilsæt lidt bouillon og bring det i kog.

6. Tilsæt nudlerne og kog i 2-3 minutter.

7. Rør lidt sojasovs og eddike i.

8. Overfør suppen til skåle og top med svinekød, spidskålsgrønt, hakket gulerod, skiver radiser og koriander.

81. Nem oksekød Ramen suppe

Portioner: 2

ingredienser

- 1-pund flanksteak
- 1-pund Choy Sum, hakket
- 4-5 fed hvidløg, hakket
- 3-4 spidskål, hvid og grøn adskilt, hakket
- 2 kopper Enoki-svampe i skiver
- 1 1-tommer stykke ingefær
- 4 spsk Demi-Glace
- 4 spiseskefulde Miso Paste
- 3 spsk sojasovs
- 2 spsk Hoisin Sauce
- 2 pakker Ramen Nudler, kogte
- 3 spsk madolie

Vejbeskrivelse:

1. Kom lidt madolie i en wok og steg svinekødet fra begge sider, indtil det er pænt brunt. Tag op af wokken og stil til side.

2. Tilsæt 5-6 kopper vand, hvidløg, sojasauce, Demi-glace, ingefær, svampe, hoisinsauce, choy chum og spidskålshvider til en stor gryde, kog indtil de er bløde.

3. Tilsæt nu det stegte svinekød og dæk med låg, kog igen i 10-12 minutter.

4. Tilsæt nu miso og nudler, bring det i kog igen.

5. Hæld i skåle og top med spidskålsgrønt.

.

82. Fiskesuppe Ramen

Portioner: 2

ingredienser

- 2 mellemstore fiskefileter, skåret i 2-tommers skiver
- ¼ kop forårsløg, hakket
- 3 gulerødder, skrællet, skåret i skiver
- 2 pakker ramen nudler
- 1 tsk salt
- 4-5 fed hvidløg, hakket
- 2 spsk madolie
- ¼ tsk sort peber
- 4 kopper hønsebouillon
- 2 spsk sojasovs
- 2 spsk fiskesauce

Vejbeskrivelse:

1. Tilsæt hønsebouillon, hvidløg, madolie, salt og peber i en gryde og lad det koge ind.

2. Tilsæt gulerødderne, kog tildækket i 5-8 minutter ved middel varme.

3. Tilsæt fisk, løg og nudler, kog i 3-4 minutter, eller indtil de er færdige.

4. Tilsæt lidt fiskesauce og sojasauce, bland for at kombinere.

5. Serveres varm.

83. Rejer Nudelsuppe

Portioner: 1

ingredienser

- 5-6 rejer
- 1 pakke nudler, med krydderier
- ¼ tsk salt
- 1 spiseskefuld vegetabilsk olie
- 2-3 fed hvidløg, hakket
- 2 kopper hønsebouillon

Vejbeskrivelse:

1. Varm lidt olie op i en gryde, og steg lidt hakket hvidløg i 30 sekunder.
2. Tilsæt rejerne og steg i 4 minutter.
3. Tilsæt alle krydderier, nudler og vand, bring det i kog i 3-4 minutter.
4. Kom til en serveringsskål.

84. Ramen suppe med svampe

Portioner: 2

ingredienser

- 2 kopper spinatblade

- 2 pakke ramen nudler

- 3 kopper grøntsagsbouillon

- 3-4 fed hvidløg, hakket

- ¼ tsk løgpulver

- Salt og peber efter smag

- 1 spiseskefuld vegetabilsk olie

- ¼ kop forårsløg, hakket

- 3-4 champignon, hakkede

Vejbeskrivelse:

1. Kom grøntsagsbouillon, salt, olie og hvidløg i en gryde og kog i 1-2 minutter.

2. Tilsæt nu nudler, svampe, forårsløg, spinat og sort peber, kog i 2-3 minutter.

3. Nyd varmt.

85. Ramen svampe suppe

Portioner: 2

ingredienser

- 2 kopper svampe, skåret i skiver
- 2 pakker ramen nudler
- 1 tsk sort peber
- 2 spsk varm sauce
- 2 spsk sojasovs
- 1 spsk Worcestershire sauce
- ¼ tsk salt
- 3 kopper grøntsagsbouillon
- 1 løg, hakket
- 2 spsk chilisauce
- 2 spsk jordnøddeolie

Vejbeskrivelse:

1. Varm olie op i en gryde og steg svampene i 5-6 minutter ved middel varme.

2. Tilsæt bouillon, salt, peber, hot sauce, Worcestershire sauce, løg og sojasauce, bland godt. Kog i et par minutter.

3. Tilsæt nudlerne og kog i 3 minutter.

4. Når det er færdigt, kom over i en serveringsskål og top med chilisauce.

5. God fornøjelse.

86. Græskarkarry med krydrede frø

ingredienser

e) 3 kopper græskar - skåret i 1-2 cm stykker
f) 2 spsk olie
g) ½ spiseskefuld sennepsfrø
h) ½ spiseskefuld spidskommen frø
i) Knib asafetida
j) 5-6 karryblade
k) ¼ spiseskefuld bukkehornsfrø
l) 1/4 spsk fennikelfrø
m) 1/2 spsk revet ingefær
n) 1 spiseskefuld tamarindpasta
o) 2 spiseskefulde - tør, malet kokosnød
p) 2 spiseskefulde ristede jordnødder
q) Salt og brun farin eller jaggery efter smag
r) Friske korianderblade

Vejbeskrivelse

- Varm olien op og tilsæt sennepsfrø. Når de popper tilsættes spidskommen, bukkehorn, asafetida, ingefær, karryblade og fennikel. Kog i 30 sekunder.
- Tilsæt græskar og salt. Tilsæt tamarindpastaen eller vand med frugtkød indeni. Tilsæt jaggery eller brun farin. Tilsæt malet kokos og jordnøddepulver. Kog et par minutter mere. Tilsæt frisk hakket koriander.

87. Tamarind fiskekarry

Serverer 4

ingredienser

i) 1 1/2 pund, hvidfisk, skåret i stykker
j) 3/4 tsk og 1/2 tsk gurkemejepulver
k) 2 tsk tamarindmasse, gennemblødt i 1/4 kop varmt vand i 10 minutter
l) 3 spiseskefulde vegetabilsk olie
m) 1/2 tsk sorte sennepsfrø
n) 1/4 tsk bukkehornsfrø
o) 8 friske karryblade
p) stort løg, hakket
q) Serrano grønne chili, frøet og hakket
r) små tomater, hakkede
s) 2 tørrede røde chilier, stødt groft
t) 1 tsk korianderfrø, stødt groft
u) 1/2 kop usødet tørret kokosnød
v) Bordsalt efter smag
w) 1 kop vand

Vejbeskrivelse

a) Læg fisken i en skål. Gnid godt med 3/4 tsk gurkemeje og stil til side i cirka 10 minutter. Skyl og dup tør.
b) Si tamarinden og stil væsken til side. Kassér resten.
c) Opvarm vegetabilsk olie i en stor stegepande. Tilsæt sennepsfrø og bukkehornsfrø. Når de begynder at sprøjte,

tilsæt karryblade, løg og grønne chili. Sauter i 7 til 8 minutter, eller indtil løgene er godt brunede.

d) Tilsæt tomaterne og kog i yderligere 8 minutter, eller indtil olien begynder at skille sig fra siderne af blandingen. Tilsæt den resterende 1/2 tsk gurkemeje, de røde chili, korianderfrø, kokos og salt; bland godt, og kog i yderligere 30 sekunder.

e) Tilsæt vandet og den sigtede tamarind; bring i kog. Sænk varmen og tilsæt fisken. Kog ved lav varme i 10 til 15 minutter, eller indtil fisken er helt gennemstegt. Serveres varm.

88. Laks i karry med safransmag

Serverer 4

ingredienser

- 4 spiseskefulde vegetabilsk olie
- 1 stort løg, finthakket
- teske ingefær-hvidløgspasta
- 1/2 tsk rød chilipulver
- 1/4 tsk gurkemejepulver
- teskefulde korianderpulver
- Bordsalt efter smag
- 1-pund laks, udbenet og
- terninger
- 1/2 kop almindelig yoghurt, pisket
- 1 tsk ristet safran

Vejbeskrivelse

a) Opvarm vegetabilsk olie i en stor nonstick-gryde. Tilsæt løgene og sauter i 3 til 4 minutter, eller indtil de er gennemsigtige. Tilsæt ingefær-hvidløgspastaen og svits i 1 minut.

b) Tilsæt det røde chilipulver, gurkemeje, koriander og salt; bland godt. Tilsæt laksen og sauter i 3 til 4 minutter. Tilsæt yoghurten og sænk varmen. Svits indtil laksen er kogt igennem. Tilsæt safran og bland godt. Kog i 1 minut. Serveres varm.

89. Okra karry

ingredienser

- 250g okra (ladies finger) – skåret i 1 cm stykker
- 2 spsk revet ingefær
- 1 spsk sennepsfrø
- 1/2 spsk spidskommen frø
- 2 spsk olie
- Salt efter smag
- Knib asafetida
- 2-3 spiseskefulde ristet jordnøddepulver
- Koriander blade

Vejbeskrivelse

a) Varm olien op og tilsæt sennepsfrø. Når de popper tilsættes spidskommen, asafetida og ingefær. Kog i 30 sekunder.

b) Tilsæt okra og salt og rør, indtil det er kogt. Tilsæt jordnøddepulveret, kog i yderligere 30 sekunder.

c) Server med korianderblade.

90. Vegetabilsk kokos karry

ingredienser

- 2 mellemstore kartofler, skåret i tern
- 1 1/2 dl blomkål – skåret i buketter
- 3 tomater skåret i store stykker
- 1 spiseskefuld olie
- 1 spsk sennepsfrø
- 1 spiseskefuld spidskommen frø
- 5-6 karryblade
- Knib gurkemeje – valgfrit
- 1 spiseskefuld revet ingefær
- Friske korianderblade
- Salt efter smag
- Frisk eller tørret kokosnød – strimlet

Vejbeskrivelse

a) Varm olien op og tilsæt derefter sennepsfrøene. Når de springer tilsættes de resterende krydderier og koges i 30 sekunder.

b) Tilsæt blomkål, tomat og kartoffel plus lidt vand, læg låg på og lad det simre under omrøring af og til, indtil det er kogt. Der skal være lidt væske tilbage. Ønsker du en tør karry, så steg i et par minutter, indtil vandet er fordampet.

c) Tilsæt kokos, salt og korianderblade.

d)

91. Grundlæggende grøntsagskarry

Ingredienser:

- 250 g grøntsager - hakket
- 1 tsk olie
- ½ tsk sennepsfrø
- ½ tsk spidskommen frø
- Knib asafetida
- 4-5 karryblade
- ¼ tsk gurkemeje
- ½ tsk korianderpulver
- Knib chilipulver
- Revet ingefær
- Friske korianderblade
- Sukker / jaggery og salt efter smag
- Frisk eller tørret kokosnød

Vejbeskrivelse

a) Skær grøntsagerne i små stykker (1-2 cm) afhængig af grøntsag.

b) Varm olien op og tilsæt derefter sennepsfrøene. Når de popper tilsættes spidskommen, ingefær og de resterende krydderier.

c) Tilsæt grøntsagerne og kog. På dette tidspunkt kan det være en god ide at stege grøntsagerne, indtil de er kogte, eller tilsætte lidt vand, dække gryden og simre.

d) Når grøntsagerne er kogt tilsættes eventuelt sukker, salt, kokos og koriander

92. Black Eye Bean og kokosnød karry

ingredienser

- ½ kop sorte øjenbønner, spirede hvis muligt
- 2 kopper vand
- 1 spiseskefuld olie
- 1 spiseskefuld sennepsfrø
- 1 spiseskefuld spidskommen frø
- 1 spiseskefuld asafetida
- 1 spiseskefuld revet ingefær
- 5-6 karryblade
- 1 spiseskefuld gurkemeje
- 1 spiseskefuld korianderpulver
- 2 tomater – hakkede
- 1-2 spsk. ristet jordnøddepulver
- Friske korianderblade
- Frisk kokos, revet
- Sukker og salt efter smag

Vejbeskrivelse

a) Udblød bønnerne i vand i 6-8 timer eller natten over. Kog bønnerne i en trykkoger eller kog dem i en gryde.
b) Varm olien op og tilsæt sennepsfrø. Når de popper tilsættes spidskommen, asafetida, ingefær, karryblade, gurkemeje og korianderpulver. Tilsæt ristet jordnøddepulver og tomater.
c) Tilsæt bønner og vand. Fortsæt med at røre af og til, indtil det er gennemstegt.

d) Tilsæt eventuelt mere vand. Tilsæt sukker og salt efter smag, pynt med korianderblade og kokos.
e)

93. Kål karry

ingredienser

g) 3 kopper kål-strimlet

h) 1 tsk olie

i) 1 tsk sennepsfrø

j) 1 tsk spidskommen frø

k) 4-5 karryblade

l) Knib gurkemeje r valgfrit

m) 1 tsk revet ingefær

n) Friske korianderblade

o) Salt efter smag

p) Valgfrit - ½ kop grønne ærter

Vejbeskrivelse

a) Varm olien op og tilsæt derefter sennepsfrøene. Når de springer tilsættes de resterende krydderier og koges i 30 sekunder.

b) Tilsæt kål og andre grøntsager, hvis du bruger det, og rør af og til, indtil det er gennemstegt. Om nødvendigt kan vand tilsættes.

c) Tilsæt salt efter smag og korianderblade.

94. Blomkål karry

ingredienser

- 3 kopper blomkål – skåret i buketter
- 2 tomater-hakket
- 1 tsk olie
- 1 tsk sennepsfrø
- 1 tsk spidskommen frø
- Knib gurkemeje
- 1 tsk revet ingefær
- Friske korianderblade
- Salt efter smag
- Frisk eller tørret kokosnød-strimlet

Vejbeskrivelse

- Varm olien op og tilsæt derefter sennepsfrøene. Når de springer tilsættes de resterende krydderier og koges i 30 sekunder. Hvis du bruger, tilsæt tomaterne på dette tidspunkt og kog i 5 minutter.

- Tilsæt blomkål og lidt vand, læg låg på og lad det simre under omrøring af og til, indtil det er gennemkogt. Ønskes en mere tørre karry, så tag i de sidste minutter låget af og steg. Tilsæt kokos i de sidste minutter.

95. Blomkål og kartoffelkarry

Ingredienser:

- 2 kopper blomkål – skåret i buketter
- 2 mellemstore kartofler, skåret i tern
- 1 tsk olie
- 1 tsk sennepsfrø
- 1 tsk spidskommen frø
- 5-6 karryblade
- Knib gurkemeje-valgfri
- 1 tsk revet ingefær
- Friske korianderblade
- Salt efter smag
- Frisk eller tørret kokosnød – strimlet
- Citronsaft - efter smag

Vejbeskrivelse

a) Varm olien op og tilsæt derefter sennepsfrøene. Når de springer tilsættes de resterende krydderier og koges i 30 sekunder.

b) Tilsæt blomkål og kartoffel plus lidt vand, læg låg på og lad det simre under omrøring af og til, indtil det er næsten kogt. Tag låget af og steg til grøntsagerne er kogte og vandet er fordampet. Tilsæt kokos, salt, korianderblade og citronsaft.

Blandet grøntsags- og linsekarry

Ingredienser:

- ¼ kop toor eller mung dal

- ½ kop grøntsager - skåret i skiver

- 1 kop vand

- 2 tsk olie

- ½ tsk spidskommen frø

- ½ tsk revet ingefær

- 5-6 karryblade

- 2 tomater-hakket

- Citron eller tamarind efter smag

- Jaggery efter smag
- ½ salt eller efter smag
- Sambhar masala
- Koriander blade
- Frisk eller tørret kokosnød

Vejbeskrivelse

a) Kog tor dal og grøntsager sammen i en trykkoger 15-20 minutter (1 fløjt) eller i en gryde.

b) Varm olie op i en separat gryde og tilsæt spidskommen, ingefær og karryblade. Tilsæt tomater og kog 3-4 minutter.

c) Tilsæt sambhar masala blanding og vegetabilsk dal blanding.

d) Kog sammen i et minut og tilsæt derefter tamarind eller citron, jaggery og salt. Kog i 2-3 minutter mere. Pynt med kokos og koriander

96. Kartoffel, Blomkål og Tomat Karry

Ingredienser:

- 2 mellemstore kartofler, skåret i tern
- 1 1/2 dl blomkål, skåret i buketter
- 3 tomater skåret i store stykker
- 1 tsk olie
- 1 tsk sennepsfrø
- 1 tsk spidskommen frø
- 5-6 karryblade
- Knib gurkemeje-valgfri
- 1 tsk revet ingefær
- Friske korianderblade
- Frisk eller tørret kokosnød – strimlet

Vejbeskrivelse

f) Varm olien op og tilsæt derefter sennepsfrøene. Når de springer tilsættes de resterende krydderier og koges i 30 sekunder.

g) Tilsæt blomkål, tomat og kartoffel plus lidt vand, læg låg på og lad det simre under omrøring af og til, indtil det er kogt. Tilsæt kokos, salt og korianderblade.

97. Græskar karry

Ingredienser:

- 3 kopper græskar – skåret i 1-2 cm stykker
- 2 tsk olie
- ½ tsk sennepsfrø
- ½ tsk spidskommen frø
- Knib asafetida
- 5-6 karryblade
- ¼ tsk bukkehornsfrø
- 1/4 tsk fennikelfrø
- 1/2 tsk revet ingefær
- 1 tsk tamarindpasta
- 2 spiseskefulde-tør, malet kokosnød
- 2 spiseskefulde ristede jordnødder
- Salt og brun farin eller jaggery efter smag
- Friske korianderblade

Vejbeskrivelse

f) Varm olien op og tilsæt sennepsfrø. Når de popper tilsættes spidskommen, bukkehorn, asafetida, ingefær, karryblade og fennikel. Kog i 30 sekunder.

g) Tilsæt græskar og salt.

h) Tilsæt tamarindpastaen eller vand med frugtkød indeni. Tilsæt jaggery eller brun farin.

i) Tilsæt malet kokos og jordnøddepulver. Kog et par minutter mere.

j) Tilsæt frisk hakket koriander.

98. Steg grøntsager

Ingredienser:

- 3 kopper hakkede grøntsager
- 2 tsk revet ingefær
- 1 tsk olie
- ¼ tsk asafetida
- 1 spsk sojasovs
- Friske krydderurter

Vejbeskrivelse

h) Varm olien op i en pande. Tilsæt asafetida og ingefær. Steg i 30 sekunder.

i) Tilsæt de grøntsager, der skal koge længst, såsom kartoffel og gulerod. Steg i et minut og tilsæt derefter lidt vand, læg låg på og lad det simre, indtil det er halvt kogt.

j) Tilsæt de resterende grøntsager såsom tomat, majs og grøn peber. Tilsæt sojasovs, sukker og salt. Læg låg på og lad det simre, indtil det næsten er kogt.

k) Tag låget af og steg i et par minutter mere.

l) Tilsæt de friske krydderurter og lad et par minutter stå til, at krydderurterne blander sig med grøntsagerne.

99. Tomat karry

Ingredienser:

- 250 gram tomater - skåret i 1 tomme stykker
- 1 tsk olie
- ½ tsk sennepsfrø
- ½ tsk spidskommen frø
- 4-5 karryblade
- Knib gurkemeje
- Knib asafetida
- 1 tsk revet ingefær
- 1 kartoffel – kogt og moset – valgfri – til tykning
- 1 til 2 spiseskefulde ristet jordnøddepulver
- 1 spiseskefuld tør kokosnød-valgfri
- Sukker og salt efter smag
- Koriander blade

Vejbeskrivelse

a) Varm olien op og tilsæt sennepsfrø. Når de popper tilsættes spidskommen, karryblade, gurkemeje, asafetida og ingefær. Kog i 30 sekunder.

b) Tilsæt tomaten og fortsæt med at røre af og til, indtil den er kogt. Vand kan tilsættes for en mere flydende karry.

c) Tilsæt det ristede jordnøddepulver, sukker, salt og kokos, hvis du bruger, plus kartoffelmos. Kog i endnu et minut. Server med friske korianderblade.

100. Hvid græskar karry

Ingredienser:

- 250 grams hvid græskar
- 1 tsk olie
- ½ tsk sennepsfrø
- ½ tsk spidskommen frø
- 4-5 karryblade
- Knib gurkemeje
- Knib asafetida
- 1 tsk revet ingefær
- 1 til 2 spiseskefulde ristet jordnøddepulver
- Brun farin og salt efter smag

Vejbeskrivelse

- Varm olien op og tilsæt sennepsfrø. Når de popper tilsættes spidskommen, karryblade, gurkemeje, asafetida og ingefær. Kog i 30 sekunder.
- Tilsæt det hvide græskar, lidt vand, læg låg på og lad det simre under omrøring af og til, indtil det er kogt.
- Tilsæt det ristede jordnøddepulver, sukker og salt og kog i endnu et minut.

KONKLUSION

Varm, solid og nem at smide sammen, at hygge sig med en af disse retter er bare så tilfredsstillende. Den største forskel mellem suppe og supper er mængden af væske, de indeholder. Mens supper indeholder nok madlavningsvæske til at fylde en skål og lade ingredienserne flyde, indeholder supper kun en smule madlavningsvæske til at simre de andre ingredienser. Chili betragtes som en type suppe på grund af dets lave væskeindhold og laves normalt med chili eller chilipulver.

www.ingramcontent.com/pod-product-compliance
Lightning Source LLC
Chambersburg PA
CBHW070646120526
44590CB00013BA/848